Jannik Mohns

Welche Kernkompetenzen machen einen Top-Performer aus?

Empfehlungen für die Kompetenzaneignung in der Personalentwicklung

Bibliografische Information der Deutschen Nationalbibliothek:

Die Deutsche Nationalbibliothek verzeichnet diese Publikation in der Deutschen Nationalbibliografie; detaillierte bibliografische Daten sind im Internet über http://dnb.d-nb.de abrufbar.

Impressum:

Copyright © EconoBooks 2020

Ein Imprint der GRIN Publishing GmbH, München

Druck und Bindung: Books on Demand GmbH, Norderstedt, Germany

Covergestaltung: GRIN Publishing GmbH

II

Inhaltsverzeichnis

Abbildungsverzeichnis

Tabellenverzeichnis

1 Einleitung und Problemstellung

Beruflich auf der „Fastlane", 80-Stunden-Woche, viel Verantwortung, große Autos, immer leistungsorientiert, der Anzug sitzt immer – so oder so ähnlich stellt die Gesellschaft sich Top-Performer bzw. Leistungsträger vor. Aber ist das alles? Beruflich das Beste erreichen, den Traumjob erhalten und das eigene Kompetenzprofil schärfen, das alles sind Inhalte von den 3-5-Jahresplänen vieler Arbeitnehmer. Diese sind immer mehr angehalten, sich ständig weiterzubilden und hoch qualifiziert zu sein. Auf der anderen Seite ist der Arbeitgeber immer mehr gezwungen, Anreizsystem anzubieten, um Top-Performer zu akquirieren und zu halten. Es geht um Work, Life, Balance, Kitaplätze und den Arbeitsplatz als Wohlfühlort, um am umkämpften Arbeitsmarkt noch „Land zu sehen". Um auch noch in ein paar Jahren die besten Talente an Land ziehen zu können, müssen die Unternehmen heute die richtigen Entscheidungen treffen. „Hoch qualifizierte Fach- und Führungskräfte sind rar und stark umworben. Die demografische Entwicklung wird verstärkt dazu führen, dass die Zahl qualifizierter Absolventen und Berufseinsteiger sinkt und der Bedarf an sowohl jüngeren und als auch älteren Talenten weiterhin zunimmt" (Ritz, Thom, 2018, Vorwort, S. VII). In vielen Industrieländern macht sich eine Arbeitnehmerverknappung bemerkbar, sowohl in der Menge als auch in der Verteilung. Das zeigen auch folgende Zahlen zum demografischen Wandel: „In Deutschland leben zurzeit rund 82 Mio. Menschen; bis zum Jahr 2060 wird diese Zahl auf etwa 73. Mio. zurückgehen. Zudem sind momentan 61% der Bevölkerung im erwerbsfähigen Alter (20- bis 64-Jährige). Bis im Jahr 2060 werden es nur noch 51% sein. Der Anteil an den über 60-Jährigen steigt dabei von 21% im Jahr 2016 auf 33% im Jahr 2060 und der Anteil der unter 20-Jährigen sinkt von 18% auf 16%" (Ritz & Thom, 2018, S. 5). Vor diesem Hintergrund scheinen - im Gegensatz zu Maschinen, Kapital und derartigen Merkmalen - Leistungsträger bzw. Top-Performer die entscheidenden Wettbewerbsfaktoren eines Unternehmens zu sein (Ritz & Thom, 2018, S. 33). Das bedeutet, auch für Arbeitnehmer lohnt es sich, sich mit diesem Thema zu beschäftigen, um den eigenen Marktwert zu steigern und eigene Kompetenzen zu identifizieren und zu entwickeln. Wie kann das gehen? Eine erste und vorläufige Antwort auf diese Frage: Die Kernanforderung an einen Top-Performer scheint mit Kompetenzaneignung zu tun zu haben. Gefragt sind keine Absolventen, die ihre Prüfungen mit Glanz bestanden haben und die Merkfähigkeit ihres Gehirns unter Beweis gestellt haben, sondern vielmehr solche, die in neuen, unübersichtlichen Situationen selbstorganisiert und kreativ und damit kompetent handeln und Probleme lösen können: „Kompetenz wird zum wichtigsten Lernziel" (Erpenbeck & Sauter, 2013,

Vorwort, S. V). Diese Entwicklung wird durch die rasante Entwicklung der Informationstechnik befeuert, da sich das notwendige Wissen immer schneller verändert: „Wer heute viel weiß, weiß morgen zu wenig, oder auch zu viel Überflüssiges, was auf das Gleiche hinausläuft" (Erpenbeck & Sauter, 2013, S. 4). Dennoch steht das Wissen ans ich zunehmend schneller zur Verfügung, durch Clouds, Wikis und interne Sammlungen mit betriebsrelevantem Wissen. Die eigentliche Basis des Handels eines Top-Performers kommt zustande, wenn man das Wissen gewichten und verstehen kann. Die eigentliche individuelle Handlungsfähigkeit kommt also durch Kompetenzen zustande.

Die meisten Unternehmen schicken ihre Mitarbeiter zum Kompetenzgewinn in Seminare, Weiterbildungen, Workshops und lassen sie etliche Qualifikationen machen: „Der Faktor ‚Weiterbildung' ist laut dem ‚Trendmonitor Weiterbildung' für 98% der befragten Betriebe ein wichtiger Schlüsselfaktor für einen langfristigen Unternehmenserfolg" (DSSV, 2019, S. 56). Des Weiteren bedeutet das, dass 94,8% aller Unternehmen ihre Mitarbeiter im Berichtsjahr weitergebildet haben (DSSV, 2019, S. 59). Ob dieser Ansatz wirklich zum Kompetenzgewinn führt, wird im Weiteren genauer betrachtet werden müssen und gegebenenfalls erörtert werden, ob Seminare Mitarbeiter zu Top-Performern machen oder eine Fehlinvestition sind. Falls dem so ist, werden Alternativen betrachtet. Dafür muss dann zunächst tiefer in Lerntheorien eingetaucht werden und es müssen die Bedingungsfaktoren von Kompetenz überprüft werden. Dies wird anhand der Literaturrecherche und der Experteninterviews geschehen, um daraus anschließend für das Studio angepasste Handlungsempfehlungen entwickeln zu können.

In dieser Arbeit wird aus Gründen der besseren Lesbarkeit das generische Maskulinum verwendet. Weibliche und anderweitige Geschlechteridentitäten werden dabei ausdrücklich mitgemeint, soweit es für die Aussage erforderlich ist.

2 Zielsetzung

Aufgrund der oben aufgezeigten Problemstellung ist es Ziel der vorliegenden Arbeit, zunächst einen Überblick über den aktuellen Stand der Wissenschaft im Bereich der (Kern)-Kompetenzen zu geben und folgende Fragen zu klären bzw. der Beantwortung näher zu kommen:

1. Was sind (Kern-)Kompetenzen?
2. Was ist ein Top-Performer bzw. ein Leistungsträger?
3. Welche (Kern-)Kompetenzen haben Top-Performer?
4. Wie (Methodik) können (Kern-)Kompetenzen erlangt werden und was ist dafür notwendig (Rahmenbedingungen)?

Auf der Grundlage dieser Ergebnisse werden dann Forschungsfragen formuliert, die als Leitfaden für die Experteninterviews dienen und absolut essenziell für die Erstellung des Fragebogens sind. Die Auswertung der Experten-Interviews zusammen mit der Literaturanalyse ist dann die Grundlage für die Formulierung von Handlungsempfehlungen für den Betrieb „EMS-Studio 123 GmbH".

3 Begriffliche Einordnung und theoretische Grundlage

Da der Begriff der „(Kern)-Kompetenz" ein sehr komplexer ist, ist es zunächst notwendig, folgende Begriffe voneinander abzugrenzen und isoliert zu betrachten, um final ein besseres Verständnis von dem zu bekommen, was Kompetenz ist und was der Begriff beinhaltet. Oftmals werden „Wissen, Qualifikation und Kompetenz im alltäglichen Sprachgebrauch gleichbedeutend verwendet" (Erpenbeck & Sauter, 2013, S. 27). Die folgenden Ausführungen sollen zu mehr Trennschärfe bei diesen und noch weiteren Begriffen führen. Ziel ist es, dem Begriff der Kompetenz näher zu kommen: Wenn wir verstehen, wie Werte angeeignet werden, verstehen wir, wie Kompetenzen angeeignet werden.

Wenn wir verstehen, wie Kompetenzen angeeignet werden, können wir beurteilen, welche Lernmethode sich zu diesem Zweck besser und welche sich schlechter eignet (Erpenbeck & Sauter, 2013, S. 9).

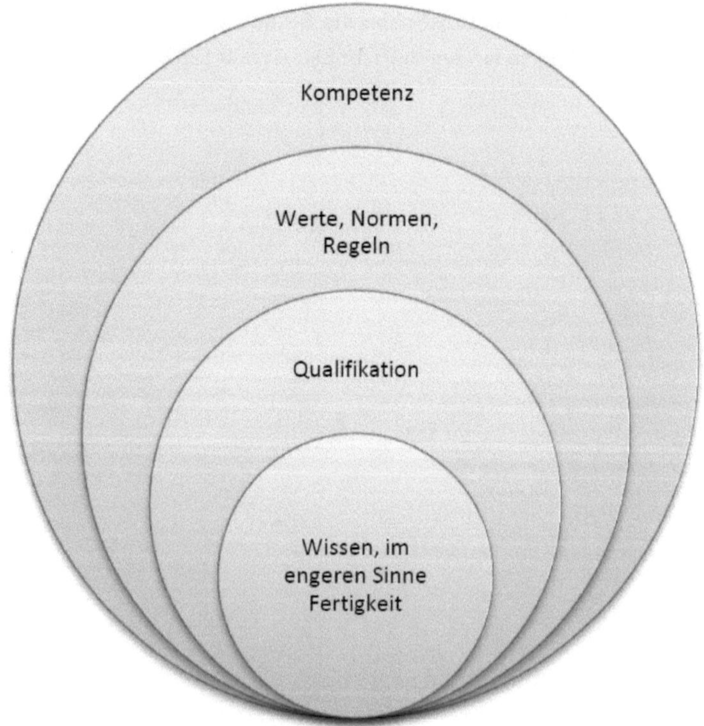

Abbildung 1: Vom Wissensaufbau zur Kompetenzentwicklung
(in Anlehnung an Erpenbeck, & Sauter, 2013)

3.1 Wissen

Der Begriff „Wissen" wird auf sehr unterschiedliche Arten und Weisen von den unterschiedlichen Wissenschaftsdisziplinen definiert. Die Europäische Kommission definiert Wissen so: „Wissen ist die Kombination von Daten und Informationen, unter Einbeziehung von Expertenmeinungen, Fähigkeiten und Erfahrungen, mit dem Ergebnis einer verbesserten Entscheidungsfindung" (European Commission, Directorate, 2004). Grundsätzliche werden die Begriffe „Daten, Information und Wissen" umgangssprachlich oft gleichbedeutend benutzt. Dabei sind sie grundlegend verschieden und stehen in einem hierarchischen Verhältnis zueinander: „Daten bestehen aus einer Aneinanderreihung von Zeichen, die in Summe einen Sinn ergeben können. Sie gewinnen erst an Bedeutung und werden zur Information, wenn sie im Kontext zu einer Herausforderung stehen und einen dafür zielführenden Input liefern" (Sauter & Scholz, 2015, S. 5). Ist dann eine Information für eine bestimmte Situation relevant und steht in Verbindung mit der persönlichen Erfahrung einer Person, wird neues Wissen generiert oder altes Wissen erweitert (Sauter & Scholz, 2015, S. 5).

Wissen kann explizit und/oder implizit, persönlich und/oder kollektiv sein" (European Commission, Directorate, 2004):

Implizites Wissen	Explizites Wissen
personengebunden	wenig kontextgebunden
im Kopf gespeichert	in Dokumenten gespeichert
nicht sichtbar	problemlos mitteil- und übertragbar
subjektive Einsichten und Intuitionen	leicht in Worte zu fassen
schwer mitteil- und übertragbar	leicht imitierbar
Beispiel: Fremdsprachen sprechen	Beispiel: Fachbuch

Tabelle 1: Implizites und explizites Wissen
(in Anlehnung an Gerhards & Trauner, 2007, S. 10)

Der Wissensbegriff der Europäischen Kommission beinhaltet folgende Bereiche (Erpenbeck & Sauter, 2013, S. 29):

1. Daten: Elemente einer Information, die in Systemen verarbeitet werden können.

2. Informationen: Daten, die in einem bestimmten Zusammenhang verknüpft sind.

3. Sachwissen, Methodenwissen und Kenntnisse

4. Kerngegenstände der Logik: Begriffe und Aussagen

Des Weiteren können das Wissen im engeren Sinn und das Wissen im weiteren Sinn voneinander abgegrenzt werden. Wissen im engeren Sinn bezieht sich auf Informations-wissen, Fach- und Sachwissen. Dieses beschreibt das „Was des Wissens" und ist nicht ausreichend, um komplexe Problemstellungen zu lösen. Dafür brauchen die Mitarbeiter zusätzlich noch motivatorisches Wissen wie Normen und Werte, am besten beschrieben durch das „Warum des Wissens". Das prozedurale Wissen kann als das „Wie des Wissens" beschrieben werden und bedeutet, dass der Mitarbeiter Prozesse verstehen und beeinflussen kann (Erpenbeck & Sauter, 2013, S. 29). Wissen im weiteren Sinne entsteht, wenn „Menschen Informationen wahrnehmen, bewerten und mit subjektiven Erfahrungen in Beziehung setzen" (Erpenbeck & Sauter, 2013, S. 29). Dadurch wird das Wissen um Regeln, Werte, Normen, Kompetenzen, Erfahrungen, Emotionen und Motivationen erweitert. Wissensaufbau kann auf unterschiedliche Weisen erfolgen, dafür ist es notwendig, die verschiedenen Lerntheorien zu betrachten. Dies folgt beim Unterpunkt „Lernen".

3.2 Qualifizierung

Qualifikationen sind Komplexe von Wissen im engeren Sinne und werden von Erpenbeck und Sauter definiert als „Qualifikationen sind handlungszentriert und in der Regel so eindeutig zu fassen, dass sie in Zertifizierungsprozeduren außerhalb der Arbeitsprozesse überprüft werden können" (2015, S. 3). Qualifikationen bezeichnen Fertigkeiten und Fähigkeiten, die eine Person bei der Ausübung beruflicher Tätigkeiten haben muss, um anforderungsorientiert handeln zu können (Erpenbeck & Sauter, 2015, S. 3). Zur weiteren Spezifikation müssen auch die Begriffe „Fertigkeiten" und „Fähigkeiten" betrachtet werden:

1. **Fertigkeiten:** Durch Wiederholung automatisierte Fähigkeiten. Sie sind handlungszentriert und stereotyp und werden abhängig von Begabung, Talent und Vorerfahrung individuell aufgebaut. Beispiele hierfür sind Sprechen, Lesen und Rechnen (Erpenbeck & Sauter, 2015, S. 3).

2. **Fähigkeiten:** Sind verfestigte Systeme verallgemeinerter psychophysischer Handlungsprozesse, die psychische Bedingungen und persönliche Eigenschaften erfordern (Erpenbeck & Sauter, 2015, S. 3).

Für den betriebspraktischen Kontext wird im Folgenden ein Vergleich dargestellt zwischen dem betrieblichen Lernen heute und dem möglichen betrieblichen Lernen in naher Zukunft:

Bereich	Lernen heute	Lernen in naher Zukunft
Qualifizierung	Übungen, Fallstudien, Rollenspiele, Planspiele, standardisierte Rückmeldungen aus den Web Based Trainings, Rückmeldung durch Trainer, E-Tutor und in der Learning Community	Übungen, Fallstudien, Rollenspiele, Planspiele, Games Based Learning, Standardisierte Rückmeldungen aus den Web Based Trainings, Bearbeitung und Reflexionen von offenen Aufgaben in der Learning Community und E-Coaching durch die Lernbegleiter

Tabelle 2: Qualifizierung heute und morgen
(in Anlehnung an Erpenbeck & Sauter, 2013, S. 46)

Um den Stellenwert von Qualifizierungen für Unternehmen besser verstehen zu können, ist es notwendig, statistische Kennzahlen zu betrachten:

1. „Weiterbildung ist für 90 Prozent der Arbeitgeber wichtig oder sehr wichtig. Das ist das zentrale Ergebnis der Befragung „Weiter durch Bildung", die das Meinungsforschungsinstitut Forsa im Auftrag der Bundesagentur für Arbeit durchgeführt hat. Befragt wurden dafür 1.000 Entscheider für den Bereich Weiterbildung und Personalentwicklung in Unternehmen mit mindestens zehn Mitarbeitern" (Gris, 2019, Weiterbildungsfakten).

2. 80% der befragten 1004 Bundesbürger ab 14 Jahren (Bertelsmann Stiftung „Glück, Freude und Wohlbefinden - welche Rolle spielt Lernen?") empfinde das ständige Weiterlernen als eine Selbstverständlichkeit. 62% der Befragten sind davon überzeugt, dass es in der Zukunft immer wichtiger ist, dass man lernt zu lernen (Gris, 2019, Weiterbildungsfakten).

3. Laut der Dritten Europäischen Erhebung über die berufliche Weiterbildung 2007 haben 7,5 Millionen Menschen sich weitergebildet. Die Weiterbildungen waren: Vorträge oder Wochenendkurse, der Besuch von Techniker- oder Meisterschulen sowie der Besuch von Lehrgängen, Kursen, Seminaren. Die Verteilung sah wie folgt aus: Lehrveranstaltungen (54,2 Prozent), Informationsveranstaltungen (57,7 Prozent) und Lernen am Arbeitsplatz (48,1 Prozent).

4. Defizitärer Transfer „[...] von Seminaren und Trainings ist ein alt bekanntes Thema. Unter Stichworten wie ‚Lerntransfer‘, ‚Transfercoaching‘ oder ‚Transfermanagement‘ findet sich diverse Literatur. Es wurde bereits viel dazu geschrieben und geforscht (z. B. Ulrike Karg, Dorothea Kunze, Ralf Besser, Marit Alke, Stefan G. Lemke, Peter Pawlowsky und Jens Bäumer, Peter Behrendt). Zusammenfassend lässt sich sagen, dass etwa 80 Prozent von Seminaren und Trainings am nachhaltigen Lerntransfer scheitern" (Gris, 2019, Weiterbildungsfakten).

5. Die Hauptbarrieren des Lerntransfers haben verschiedene Gründe:

fehlende Nachbereitung d. Veranstaltung	61%
fehlende Zeit, Inhalte umzusetzen	57%
mangelnde Kommunikationsmöglichkeiten im Anschluss	35%
Vorgesetzte verhindern Umsetzung aus Angst vor Kompetenzverlust	30%
zu hohe Erwartungshaltung	25%
mangelnde Vorbereitung	24%
Schwellenangst der Teilnehmer, Neues zu lernen und umzusetzen	19%
zu geringe Motivation der Teilnehmer	14%
mangelnde Relevanz für die Arbeit	13%
Verständnis von Seminaren als Kurzurlaub	10%
Inhalte werden nicht ernst genommen	8%
Veranstaltung zu anspruchsvoll	5%

Tabelle 3: Hauptbarrieren beim Lerntransfer
(in Anlehnung an Pawlowsky & Bäumer aus Gris, 2019, Weiterbildungsfakten)

6. 27 Milliarden investieren 84 Prozent deutscher Unternehmen in Weiterbildung, laut 6. IW-Weiterbildungserhebung des Instituts der deutschen Wirtschaft Köln Weiterbildung (Gris, 2019, Weiterbildungsfakten).

7. Die Investitionen wurden wie folgt verteilt:

Lernen am Arbeitsplatz	71,7 %
selbstständiges Lernen mithilfe von Medien z.B. Fachbüchern	70,2 %
externe Seminare	70,2 %
interne Seminare	70,1 %

Tabelle 4: Verteilung der Weiterbildungen
(in Anlehnung an Gris, 2019, Weiterbildungsfakten)

3.3 Werte

„Jeder Mensch wertet in nahezu jedem Augenblick seines Handelns" (Erpenbeck & Sauter, 2015, S. 5). Damit werden Werte zu etwas ganz Alltäglichem und zu etwas, das schwer zu greifen ist. Sie sind allerdings auch Kompetenzkerne, allerdings nur bei erfolgreicher Werteinteriorisation: „Es gibt kein kompetentes Handeln ohne Werte – Werte konstituieren kompetentes Handeln" (Erpenbeck & Sauter, 2018, S. 4). Ein Kern der neuen Kompetenzauffassung ist, dass jedes Wissen emotional „imprägniert" und emotional durchdrungen werden muss, um zur Kompetenz zu werden. „Treiber dieser emotionalen Imprägnierung können Bewunderung des Lehrenden, des Gelehrten, der Schönheit des Stoffes, Begeisterung, Leidenschaft, Engagement, Wille, Interesse, Neugier, Anteilnahme, Wissbegier, aber auch Vorsicht, Bedachtsamkeit, Angst und vieles mehr sein [...]" (Erpenbeck & Sauter, 2016, S. 26). Das heißt, je höher diese emotionale „Labilisierung" durch Wiedersprüche, Zweifel und durch überwundene Hindernisse, desto höher ist der Nutzen des Wissens für kompetentes Handeln. Werte und Wissen sind zwei der wichtigsten Einflussgrößen auf unser Handeln und auf unsere Entscheidungen. Kompetenzkonflikte entstehen meist nicht durch unterschiedliche Kompetenzen zweier Menschen, sondern durch unterschiedliche Wertevorstellungen. Bis zum jetzigen Zeitpunkt ist der Begriff „Werte" sehr umstritten und wird vielfach diskutiert. Wie Werte angeeignet werden, wie sie unser Handeln beeinflussen und uns zu Handlungen motivieren oder davon abhalten, das erscheint oft unklar. Klar zu sein scheint, dass Werte immer eine Relation darstellen. „Ein Subjekt, d. h. ein Mensch, eine Gruppe, ein Unternehmen oder eine Nation, bewertet ein Objekt, ein Ding, eine Eigenschaft, einen Sachverhalt oder eine Beziehung auf der Grundlage von früherem Wissen und früher angeeigneten Werten und anhand von sozial erarbeiteten Maßstäben" (Erpenbeck & Sauter, 2015, S. 6).

Produkte dieses Prozesses sind „Werte". Das Messverfahren „WERDE" von Erpenbeck und Brenninkmeyer differenziert vier Wertearten, die auch Einfluss auf die Grundkompetenzen von Menschen haben. Im Folgenden graphisch dargestellt:

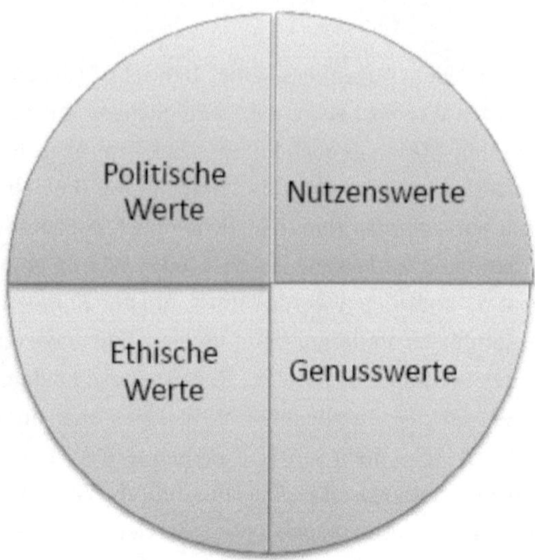

Abbildung 2: Vier Wertearten
(Erpenbeck & Brenninkmeyer, 2007)

1. **Genusswerte**: Werte, die den Wertenden dazu bringen, Handlungen zu bevorzugen, die ihm geistigen und körperlichen Genuss verschaffen. Das Genießen ist auf keinen bestimmten Bereich beschränkt, das heißt, denkbar sind das Genießen von Essen, Trinken, aber auch Kultur oder Kunstveranstaltungen. Genauso aber auch der Genuss von physischer Anspannung oder bestimmten Herausforderungen. Ebenso ist der Genuss sozialer Kontakte denkbar oder die Lust an kognitiven Prozessen.

2. **Nutzenswerte**: Werte, die den Wertenden dazu bringen, Handlungen zu bevorzugen, die ihm Nutzen bringen, z. B. ökonomischer Nutzen.

3. **Ethische Werte**: Werte, die den Wertenden dazu bringen, Handlungen zu bevorzugen, die das Wohl einzelner oder einer Gruppe steigern, ohne dabei diese zu beurteilen oder zu selektieren. Die Wohltat steht für den Wertenden im Fokus. Er kümmert sich, hilft und tut Gutes.

4. **Politische Werte**: Werte, die den Wertenden dazu bringen, Handlungen zu bevorzugen, die Teams, Unternehmen, Organisationen, Gemeinschaften, Parteien, Gruppen und Bündnisse zu einem Verhalten bewegen, welches aktuell angepasst ist (Erpenbeck & Sauter, 2018, S. 7).

Nach der Einteilung von Werten in die vier oben genannten Wertearten muss zunächst betrachtet werden, wie die Werteaneignung stattfinden kann. Dabei macht eine zusätzliche Unterscheidung nach Boshowitsch Sinn. Demnach gibt es „bloß bekannte", gelernte Werte und „unmittelbar wirksame", interiorisierte Werte (Boshowitsch, 1970, S. 276). Beispielhaft dafür ist der Mörder, der zwar weiß, dass man nicht töten darf, jedoch die besagten Werte nicht zu Maximen seines eigenen Handelns gemacht hat. Werte scheinen ähnlich wie Erfahrungen zu sein. Beide „lassen sich nicht instruktional vermitteln" (Erpenbeck & Sauter, 2018, S. 9). Beide müssen selbst gewonnen und erlebt werden, um aus Wissen im engeren Sinne ein Wissen im weiteren Sinne zu formen. „Wichtig ist das selbst Gewonnen- und unmittelbar Erlebtsein des Wissens" (Erpenbeck & Sauter, 2018, S. 159). Dabei sind Erfahrungen nichts anderes als Komplexe von Wissen und Werten, die zu eigener Emotion und Motivation verinnerlicht wurden. Dieser Aneignungsprozess von Werten wird psychologisch als Interiorsitation oder auch Internalisation bezeichnet.

Die folgende Grafik zeigt die sieben Phasen von Interiorisations- und Exteriorisationsprozessen nach Lacoursiere von Erpenbeck und Sauter (2007, S. 52):

Abbildung 3: Interiorisations- und Exteriorisatiionsprozesse von Werten nach Lacoursiere
(Erpenbeck & Sauter, 2007, S. 52)

1. **Orientierungsphase**: Ausganspunkt für alle Werteaneignungsprozesse in Form einer Entscheidungssituation bzw. eines Konfliktes. Die Konflikte lassen sich klassifizieren als Gegenstands-, Partner-, Gruppen- und Sozialkonflikte. Gegenstandskonflikte beinhalten geistige Anforderungen oder eine Problemlösung mit materiellen Gütern. Beispielsweise in Arbeitsprozessen. Partnerkonflikte sind Konflikte mit Einzelpersonen wie zum Beispiel Freunde, Kinder, Verwandte oder Arbeitskollegen. Gruppenkonflikte beziehen sich im Gegensatz dazu auf Konflikte mit mehreren Personen. Sozialkonflikte bezieht sich auf noch größere Menschengruppen wie Vereine, Gruppierungen oder Parteien.

2. **Orientierungsphase 2**: Die oben genannten Konflikte werden verschärft wahrgenommen als Widersprüche und erfordern schlussendlich eine Lösung.

3. **Unzufriedenheitsphase**: „Diese Widersprüche führen zu psychischer Labilisierung und Instabilität des inneren Zustands durch Ungewissheit, zu kognitiver Dissonanz und zu einem inneren Widerspruch" (Erpenbeck & Sauter, 2018, S.11-12). Eine solche emotionale Verfassung ist selten mit positiven Emotionen gekoppelt, was dazu führt, dass echtes Lernen und damit wirkliche Kompetenz mit Gefühlen wie Unzufriedenheit und Angst gekoppelt sind. Diese Dissonanz führt zur starken Werteinteriorisation, deshalb wäre eine gelenkte Abschwächung der Dissonanz kontraproduktiv.

4. **Lösungsphase 1**: Die Konflikte lassen neue Emotionen und Motivationen entstehen. Beides sind Wertungen des Individuums und können gespeichert werden. Allerdings mit wahrscheinlich unterschiedlicher emotionaler „Gewichtung".

5. **Lösungsphase 2**: In der Regel entstehen neue Werte als selbstorganisierter Prozess durch Aktivierung von zielgerichteten Konflikten zum Beispiel durch pädagogische Prozesse.

6. **Produktivphase**: Die neuen Werte werden im kommunikativen und physischen Handeln realisiert.

7. **Beendigungsphase**: Die Resultate aus den Prozessen des kommunikativen und physischen Handelns werden vom Individuum wiederum bewertet und führen entweder zu neuen Konflikten oder werden als Lösung der alten Konflikte wahrgenommen. Für den ersten Fall beginnt erneut Phase 1 mit aktualisierten Bedingungen durch den ersten Werteaneignungsprozess.

Für den zweiten Fall werden die neugewonnenen Werte vorläufig gespeichert.

Durch diese Erkenntnisse lassen sich Grundfragen formulieren, auf die jedes Verfahren der Kompetenzentwicklung Antworten haben sollte:

1. Ermöglicht das Verfahren echte Entscheidungs- bzw. Konfliktsituationen, die nicht mit bereits bestehendem/n Wissen und Werten gelöst werden können?

2. Erzeugt das Verfahren reale und starke emotionale und motivationale Labilisierung und wenn, mit welcher Intensität?

3. Ist es in dem Verfahren möglich, den Handlungserfolg zu speichern?

4. Werden im Verfahren die gewonnenen Werte von außen akzeptiert und sozial bekräftigt?

5. Lässt sich das Verfahren trotz stark unterschiedlicher Konfliktsituationen und Labilisierung generalisieren und skalieren für möglichst viele Zusammenhänge?

Diese Fragen werden auch für die Handlungsempfehlungen für das EMS-Studio 123 versucht zu beantworten und als zusätzlicher Maßstab genommen.

3.4 Kompetenz

„Es gibt keine Kompetenzen ohne Fertigkeiten, ohne Wissen, ohne Qualifikation. Aber Fertigkeiten, Wissen, Qualifikationen ‚sind' keine Kompetenzen, sondern nur Grundbestandteile davon" (Erpenbeck & Sauter, 2013, S. 32). Kompetenzen ermöglichen es uns sogar, auch dann Probleme zu lösen und handlungsfähig zu sein, wenn wir nur Teilwissen oder gar kein Wissen haben. Bedingung dafür sind allerdings Werte und Normen, die vorher schon erfolgreich internalisiert wurden. Sie funktionieren als Kompass, bei unvollständigem Wissen: „Werte ermöglichen ein Handeln unter der daraus resultierenden Unsicherheit. Sie ‚überbrücken' oder ersetzen fehlendes Wissen, schließen die Lücke zwischen Wissen im engeren Sinne und dem Handeln" (Erpenbeck & Sauter, 2013, S. 33).

Über Kompetenzen als Ziel der betrieblichen und schulischen Bildung wird seit einigen Jahrzehnten diskutiert. Anfänglich wurde der Kompetenzbegriff nicht fachbezogen verstanden. So definiert Franz E. Weinert (2001) Kompetenzen als „die bei Individualen verfügbaren oder durch sie erlernbaren kognitiven Fähigkeiten und Fertigkeiten, um bestimmte Probleme zu lösen, sowie die damit verbundenen motivationalen, volitionalen und sozialen Bereitschaften und Fähigkeiten, und die Problemlösungen in variablen Situationen erfolgreich und verantwortungsvoll nutzen zu können". Es wird also eine Fusion von Wissen, Fähigkeit und Motivation mit dem Ziel der Problemlösung beschrieben. In der betrieblichen Praxis im deutschsprachigen Raum hat sich die Definition von Erpenbeck und Rosenstiel (2007) durchgesetzt: „Kompetenzen sind Fähigkeiten in offenen, unüberschaubaren, komplexen, dynamischen und zuweilen chaotischen Situationen kreativ und selbstorganisiert zu handeln". So definiert auch Ortmann Kompetenz als: „Kompetenzen sind daher dauerhafte, immer wieder, aber immer wieder anders anzuwendende Fähigkeiten zur Lösung typischer Probleme [...]" (Ortmann, 2014, S. 31). Weiter beschreibt er auch den durch den Kompetenzbegriff entstehenden Begriff der Inkompetenz. Daraus lässt sich schlussfolgern, dass Kompetenz aus Inkompetenz erwächst, sprich sie wird in der Praxis erworben. Der in der Definition enthaltende Begriff „immer wieder" inkludiert auch die Komponente der Wiederholungen, sprich Routine: „Allerdings sprechen wir kaum von Kompetenz, wenn jemand nichts als sture Routine bewältigen kann" (Ortmann, 2014, S. 31). Um dieser Routine zu entgehen, muss also der Anteil des Neuen in der Wiederholung sehr hoch sein.

Kompetenzen lassen sich in einem ersten Schritt in vier unterschiedliche Typen klassifizieren:

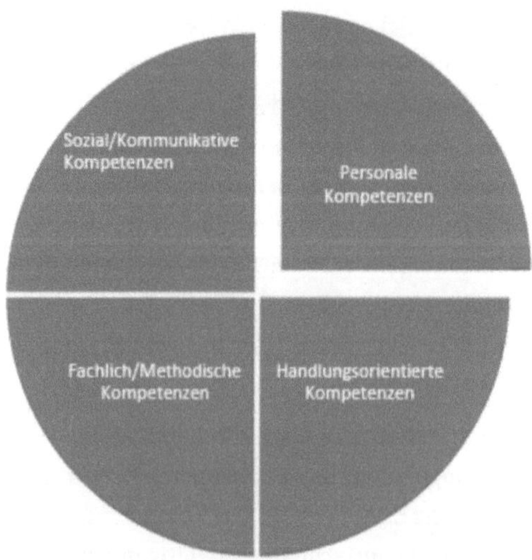

Abbildung 4: Kompetenzraster
(Erpenbeck & Sauter, 2013, S. 45)

Personale Kompetenzen

Dies sind Fähigkeiten, sich selbst klug und kritisch zu verhalten, produktive Einstellungen und Werte und Ideale zu entwickeln. Menschen mit dieser Kompetenz haben ein starkes Charisma und dienen oft als Vorbild. Sie sind loyal, haben hohe Ansprüche und einen ausgeprägten Gerechtigkeitssinn. Allerdings besteht auch die Gefahr, dass sie sich zu sehr von ihrem Emotionen leiten lassen.

Aktivitäts- und handlungsorientierte Kompetenzen

Dies sind Fähigkeiten, sein gesamtes Wissen, seine Werte, Ideale und Erfahrungen aktiv umsetzten zu können und gleichzeitig andere Kompetenzen mit einfließen zu lassen. Menschen mit dieser Kompetenz übernehmen die Verantwortung, delegieren, überzeugen andere und sind wettbewerbsorientiert und risikofreudig. Dies kann sich aber auch darin äußern, dass sie andere überfordern und viel Druck auf sich und andere ausüben.

Fachlich-methodische Kompetenzen

Dies sind Fähigkeiten, bei denen durch fachliches und methodisches Wissen Probleme gelöst werden. Menschen mit dieser Kompetenz sind sachorientiert, verlässlich, verstehen schnell Probleme, sind meist auf dem neusten Wissensstand und arbeiten zielgerichtet und analytisch. Allerdings vertrauen sie auch oft zu stark in ihr Wissen und vernachlässigen soziale Komponenten, sind unkreativ und fantasiearm. Die analytische Arbeitsweise kann sie auch hemmen und übervorsichtig machen oder sie gar handlungsunfähig machen.

Sozial-kommunikative Kompetenzen

Dies sind Fähigkeiten, die die Auseinandersetzung mit anderen und Zusammenarbeit beinhalten und dabei kreative und kooperative Kommunikation mit einbeziehen. Menschen mit dieser Kompetenz sind sensibel für Meinungen, Bedürfnisse und Gefühle von anderen. Sie lösen zwischenmenschliche Konflikte, bringen Menschen zusammen und bauen Brücken. Die Konzentration auf die Gefühle von anderen kann in Auseinandersetzungen auch dazu führen, dass sie ihre eigene Meinung vernachlässigen oder sogar die Auseinandersetzungen meiden.

Aus diesen vier Kompetenzarten lassen sich wiederum Teilkompetenzen ableiten. Für die Konstruktion von Kompetenzmodellen werden in der Regel aus diesen Teilkompetenzen 10-20 Schlüsselkompetenzen isoliert. Dies findet anhand der zukünftigen Unternehmensaufgaben und Unternehmensstrategie statt. So entsteht ein unternehmensspezifisches Kompetenzmodell. Diese Vorgehensweise wird auch für die später folgenden Handlungsempfehlungen berücksichtigt. Ein Beispiel für die Gliederung der Kompetenzen ist der Kompetenzatlas KODE von Heyse und Erpenbeck:

Abbildung 5: Kompetenzatlas
(Erpenbeck & Sauter, 2013, S. 35)

Der Kompetenz ist auch ein Werkzeug für die Beantwortung der Forschungsfrage und fester Bestandteil der Experteninterviews.

Zum besseren Verständnis zeigt die untere Tabelle noch einmal dezidiert einen Vergleich zwischen den beiden Begriffen „Kompetenz " und „Qualifikation".

Kompetenz	Qualifikation
Fokus auf Selbstorganisationsfähigkeit, Ziele werden durch den Lerner bestimmt	fremd organisiert, auf fremdgegebene Ziele fokussiert
subjektbezogen, Fokus auf den Lerner	objektbezogen, mit Fokus auf konkrete Anforderungen und Arbeitsaufträge
holistisch, dh. Fokus auf die Fähigkeit des Lerners, selbstorganisiert Probleme zu lösen	Verengung auf direkte und tätigkeitsbezogene Fähigkeiten und Fertigkeiten
umfasst alle Handlungsdispositionen und damit Werte	Bezug auf individuelle Fähigkeiten, die zertifizierbar sind

Tabelle 5: Vergleich Kompetenz und Qualifikation
(in Anlehnung an Erpenbeck & Sauter, 2013, S. 34)

3.4.1 Kompetenzmessung

Kompetenzmessungen betrachten das aktuelle Handeln und schließen dann auf vorhandene Handlungsfähigkeiten, nicht wie oft verstanden auf Persönlichkeitsmerkmale: „Kompetenzen schlagen sich immer in Handlungen nieder. Sie sind keine Persönlichkeitseigenschafen" (Erpenbeck & Hasenbrook, 2011, S. 227-262). Persönlichkeitseigenschaften werden definiert als Merkmale, die die Ausformung einer Person zu einem Menschen mit eigener Identität und Individualität bestimmen (Baumgart & Bücheler, 1998, S.230). Nach Krumm, Mertin und Dries (2012, S. 13) beschreiben Persönlichkeitsmerkmale die Richtung einer Person, sich in einer bestimmten Situation auf eine bestimme Art zu verhalten. Diese Merkmale schließen nicht ein, dass die Person sich in einer Situation nicht auch anders verhalten kann. Das heißt im Kontrast zu Kompetenzen sind Persönlichkeitseigenschaften nicht auf die Handlungsfähigkeit bzw. Handlungsunfähigkeit bezogen. Das führt dazu, dass Persönlichkeitseigenschaften keine konkreten Aussagen zulassen, ob eine Person in einer offenen Situation selbstorganisiert handeln kann.

In der Praxis werden in Unternehmen jedoch immer noch objektive, reliable und valide Persönlichkeitstest eingesetzt und zum Maßstab genommen für Personalauswahl und Personalentwicklung. Hossip und Mühlhaus (2005, S. 15 f.) argumentieren, dass die Persönlichkeitseigenschafen scheinbar sehr stabil sind, also in „Stein gemeißelt", wohin gegen Kompetenzen in Form von schnell veränderbaren und trainierbaren Handlungsfähigkeiten deutlich entscheidender für den Unternehmenserfolg sind. Ergo sind Persönlichkeitseigenschaften gesetzt, von Geburt an, Kompetenzen entstehen erst durch Handlungen. „Der beste Prädikator für zukünftiges Handeln, und damit Kompetenzen, ist vergangenes Handeln" (Erpenbeck, 2012, S. 6 f.). Erpenbeck und Rosenstiel (2007) beschreiben im „Handbuch Kompetenzmessung" 50 etablierte Messverfahren, wobei eine Kombination aus qualitativem und quantitativem Verfahren empfohlen wird. Meist wird ein Rating von 0 bis 10 eingesetzt. Am Beispiel der Teamfähigkeit ist die 0 nicht vorhanden und 10 höchstmögliche Ausprägung. Dies findet zunächst in einer Selbsteinschätzung statt und es wird auch die Einschätzung von Arbeitskollegen, Lernpartnern und Führungskräften erhoben (Erpenbeck & Sauter, 2013, S. 65). Die Ratingmethoden bzw. Erfassungssysteme mit der größten Verbreitung sind die von Heyse und Erpenbeck entwickelten CeKom-Verfahren mit KODE und KODE X:

KODE (Kompetenz-Diagnose und-Entwicklung)	KODE X
-objektivierendes Verfahren der Einschätzung für den Vergleich von Kompetenzausprägungen -Ergebnisse werden quantifiziert und bei Bedarf in zeitlicher Entwicklung verglichen -Selbst- und Fremdeinschätzungsfragebögen -Katalog von Interpretationsvorschlägen der Kompetenzverteilung und Vorschlägen für die Kompetenzentwicklung	-baut auf KODE auf und verfeinert den Ansatz durch instrumentelle Entwicklungen, besonders durch ein unternehmensspezifisches Soll-Profil, welches mit dem Ist-Profil verglichen wird

Tabelle 6: KODE und KODE X
(Erpenbeck & Sauter, 2013. S. 65)

Ein hybrides Verfahren setzt immer eine qualitative bzw. biographische und quantitative bzw. diagnostische Kompetenzerfassung ein: „Um juristisch saubere und für ein Kompetenzmanagement nutzbare Ergebnisse zu erhalten, die dem Individuum gerecht werden, sollten Ermittlung und Bewertung der Kompetenzen Elemente qualitativer und biographischer und quantitativer diagnostischer Kompetenzerfassung und -messung enthalten, also hybride Verfahren darstellen" (Erpenbeck, Sauter, 2016, S.152). Gründe für biographische Elemente sind, dass Mitarbeiter, die sich mit sich selbst auseinandersetzen und sich mit den Ergebnissen von Studium, Lehre, Lernen und Arbeit befassen, eine stärkere Identifikation mit dem Unternehmen entwickeln und dadurch motivierter sind, sich auf Veränderungsprozesse und ihre eigene Entwicklung besser einzulassen. Für diagnostische Elemente sprechen, dass sie die Möglichkeit bieten, Kompetenzen auf den schulischen, hochschulischen oder betrieblichen Bedarf mit zensuranalogen Wertungen zu ermitteln (Erpenbeck, Sauter, 2016, S.152).

Für den betriebspraktischen Kontext wird im Folgenden ein Vergleich dargestellt zwischen der Kompetenzentwicklung und -messung heute und in der nahen Zukunft:

Bereich	Lernen heute	Lernen in naher Zukunft
Kompetenzmessung und -entwicklung	-keine systematische Integration der Kompetenzentwicklung in die Lernsysteme -keine systematische Definition von Kompetenzzielen -keine systematische Kompetenzbewertung, oft im Rahmen des jährlichen Beurteilungsgesprächs der Mitarbeiter	-regelmäßige Kompetenzmessung -Definition individueller Kompetenzziele -selbstorganisierte Lernprozesse und Transferaufgaben in Projekten mit Unterstützung durch Lernpartner und Lerngruppen -Reflexionen in der Learning Community -Coaching durch die Führungskraft -Co-Coaching durch Lernbegleiter -Austausch und Weiterentwicklung von Erfahrungswissen über Lerntagebücher in der Community of Practice

Tabelle 7: Kompetenzentwicklung und -messung heute und morgen
(in Anlehnung an Erpenbeck & Sauter, 2013, S. 47)

3.4.2 Kompetenzmanagement

Kompetenzmanagement umfasst alle Bereiche der Kompetenzmessung und Kompetenzentwicklung mit dem Ziel, die Wettbewerbsfähigkeit des Unternehmens zu optimieren. Somit sind die Mitarbeiterkompetenzen entscheidend für die Wettbewerbsfähigkeit, und die Förderung dieser hat direkten Einfluss auf die Unternehmensstrategie (Erpenbeck & Sauter, 2013, S. 62). Kompetenzmanagement baut immer auf einem erfolgreichen Daten- und Informationsmanagement bzw. einer Kompetenzmessung und -erfassung auf. Für den Aufbau eines erfolgreichen strategischen Kompetenzmanagements haben Erpenbeck und Sauter (2013, S. 64) folgende Leitfragen formuliert:

1. Welche Ziele leiten sich aus der Unternehmensstrategie für das Kompetenzentwicklungssystem ab?

2. Welche relevanten Themen bzw. Projekte und realen Herausforderungen sind zu bearbeiten, um die Kompetenzentwicklung zu ermöglichen?

3. Welche Prozesse und strukturellen Veränderungen sind im Unternehmen erforderlich, um diesen Transfer ins Unternehmen zu initiieren?

4. Welche Ressourcen ist das Unternehmen bereit zu investieren?

5. In welcher Weise wird das Kompetenzmanagement in den Strategieentwicklungsprozess mit einbezogen?

6. Ist es sinnvoll, externe Kompetenz für die Ermöglichung von Kompetenzentwicklungsprozessen mit einzubeziehen?

„Lernkonzeptionen mit zunehmender Selbstorganisation und Eigenverantwortung der Lerner haben damit zur Folge, dass sich die Rolle der Personalentwickler immer mehr zum Kompetenzmanager wandelt" (Erpenbeck & Sauter, 2013, S. 178).

Die drei Hauptaufgaben (Erpenbeck & Sauter, 2013, S. 179) von Kompetenzmanagern und demnach auch vom Kompetenzmanagement sind:

1. **Prozessmoderation**: Begleitung der Prozesse zur Ableitung der Kompetenzmodelle aus der Unternehmensstrategie und dem gemeinsamen Werterahmen.

2. **Coaching der Führungskräfte**: In Form von Moderation und Initiierung des Veränderungsprozesses von Führungskräften zu Entwicklungspartnern und Mentoren für ihre Mitarbeiter.

3. **Laufende Weiterentwicklung der Lernsysteme**: Verbesserung der Lern- und Kompetenzsysteme, Ideengeber, Unterstützung der Netzwerke von Lernern, Begleitung von individuellen Lernprozessen als Coach, Anbieten von Open Resources zur Ergänzung der betrieblichen Lernangebote, Ermöglichen eines Lernnetzwerkes, Förderung von Communities of Practice und von organisationalem Wissensmanagement.

3.4.3 Kompetenzentwicklung

„Kompetenzentwicklung lässt sich kaum verhindern. Im Beruf, beim Spiel, beim Sport, in der Familie, im Verein, sogar in der Schule und an der Universität erwerben wir - ‚handelnd' - Kompetenzen " (Erpenbeck & Sauter, 2016, S. 105). Das deutet darauf hin, dass die zentralen Lernorte der Kompetenzentwicklung das soziale Umfeld, die Arbeit und auch immer mehr das Internet sind. Kompetenzentwicklung als zentrales Ziel des Kompetenzmanagements hat zum Ziel, motivierende Lernumgebungen zu schaffen und damit auch motiviertes und anwendungsnahes Lernen zu ermöglichen.

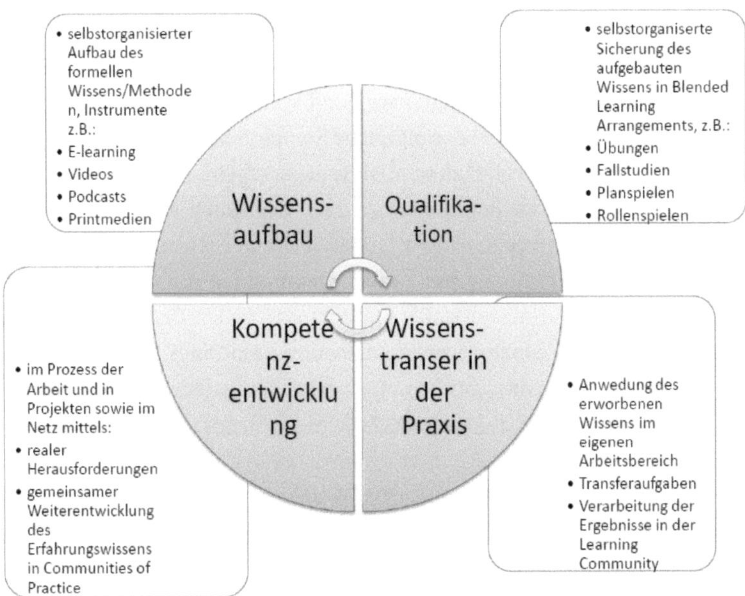

Abbildung 6: Stufen der Kompetenzentwicklung in der Praxis
(Erpenbeck & Sauter, 2015, S. 21)

„Fast 50% der Beschäftigten bilden sich jedes Jahr weiter" (Erpenbeck & Sauter, 2015, S. 89). Oft wird an alten und traditionellen Bildungsmethoden festgehalten, obwohl vielfach ihre Ineffektivität bewiesen und belegt wurde: „In schicken Seminarhotels, möglichst mit Schwimmbad und Sauna, sollen über Frontalunterricht und pädagogisch aufbereitete Übungen Kompetenzen für die Praxis oder den Führungsalltag aufgebaut werden" (Erpenbeck & Sauter, 2015, S. 89). Tatsächlich fehlen in solchen Arrangements reale und komplexe Herausforderungen. So haben zum Beispiel die Untersuchungen von Kirkpatrick (1976, 2009) gezeigt, dass „frontal dargebotenes Wissen, dass bei Seminaren und Weiterbildungsveranstaltungen im klassischen Sinne nur etwa 7-8% des Gelehrten in der späteren Arbeit auch wirklich wirksam werden" (Erpenbeck & Sauter, 2013,   S. 6). So sind für die Ausbildung der Physiker in Harvard die alten traditionellen Vorlesungen verboten worden und durch Planspiele und Seminare mit Beispielfällen ersetzt worden (Erpenbeck & Sauter, 2013, S. 7). Weitere Belege für neue Ansätze in der Kompetenzentwicklung zeigte ebenfalls das Buch „die Weiterbildungslüge" (Gries, 2008): „[...] dabei zog der Autor nur die Konsequenzen aus der Feststellung, dass die traditionellen Weiterbildungsveranstaltungen und Seminare kaum zu einer Kompetenzentwicklung führen, dass sie vor allem für die Unternehmen herausgeschmissenes

Geld bedeuten. Für Deutschland beziffert er die Verlustsumme immerhin mit 30 Milliarden €" (Erpenbeck & Sauter, 2013, S. 7).

Ein wichtiger Faktor, der bei Seminaren und Weiterbildungen der klassischen Art mit Frontalunterricht für eine erfolgreiche Kompetenzentwicklung fehlt, dürfte die emotionale „Imprägnierung" zu sein. Ohne diese scheint eine erfolgreiche Werteinterioirisierung nicht zu funktionieren und damit auch kein Kompetenzgewinn. Grund dafür ist, dass somatische Marker aktiviert werden müssen: „Im Gehirn werden gleichzeitig zwei Netzwerke aktiviert, zum einen das Informationsnetzwerk und gleichzeitig ein Netzwerk, das mit dem wertenden Gefühl gekoppelt ist, das man während der Aufnahme der Information empfindet" (Erpenbeck & Sauter, 2013, S. 8). Das heißt, das, was im Gehirn gleichzeitig aktiviert wird, wird auch gekoppelt und verbunden. So lässt sich die folgende Grundregel (Erpenbeck & Sauter, 2013, S. 6). formulieren: Werteinteriorisation ist der Filter, durch den alles Wissen und alles Erfahren hindurchmüssen, um handlungswirksam zu werden, und damit wird die oben beschriebene Kopplung zum Mittelpunkt aller zukünftiger Bemühungen zum Kompetenzgewinn und der Kompetenzerweiterung.

Die folgende Darstellung zeigt das „Doppeldecker-Prinzip": „Die Bildungsexperten erfahren dabei Blended Learning und Kompetenzentwicklung einmal aus Sicht eines Lerners, wechseln aber regelmäßig ihren Blickwinkel aus Sicht eines Entwicklers von Lernkonzepten" (Erpenbeck & Sauter, 2013, S. 181).

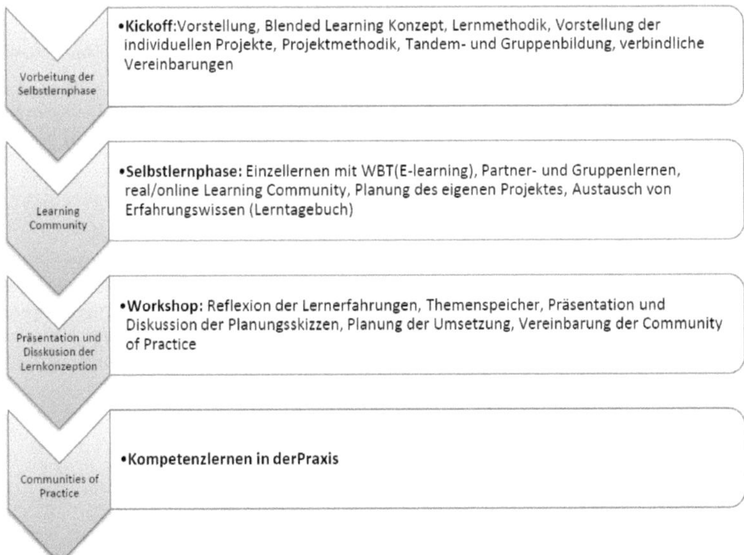

Abbildung 7: Kompetenzentwicklung der Kompetenzentwickler im "Doppeldecker-Prinzip"
(Erpenbeck & Sauter, 2013, S. 182)

3.5 Lernen

„Lernen ist von der eigenen Kompetenzentwicklung nicht mehr zu trennen und erfolgt bevorzugt im Prozess der Arbeit selbst [...]. Das heißt: Ohne Lernen im Prozess der Arbeit geht gar nichts" (Erpenbeck & Sauter, 2013, S. 3). Nachdem im ersten Schritt ein Überblick darüber gegeben wurde, was genau Kompetenzen sind, soll im Weiteren der Erwerb von Kompetenzen geklärt werden. In den folgenden Ausführungen und Darstellungen von Lösungskonzeptionen für den Kompetenzaufbau ist der Fokus immer auf die Selbstorganisationsdispositionsfähigkeit gerichtet. Zunächst werden die Lernprozesse dadurch geprägt, wie das Wissen und die Qualifikation aufgebaut werden, denn diese sind immer notwendige Voraussetzung für die Kompetenzbildung (Erpenbeck & Sauter, 2013, S. 37). Um der Beantwortung der Frage, wie Wissen, Werte und daraus resultierend auch Kompetenzen beim Lerner aufgebaut werden, näher zu kommen, müssen eine Vielzahl an Lerntheorien betrachtet werden.

„Die betriebliche Bildung wurde in den vergangenen Jahrzehnten vor allem durch folgende Ansätze bestimmt" (Erpenbeck & Sauter, 2013, S. 37):

Lerntheorien			
Behaviorismus	**Kognitivismus**	**Konstruktivismus**	**Konnektivismus**
„Black Box" Reiz-Reaktions-Modell	Lernen durch Einsicht und Denken	Lernen durch persönliche Erfahrung	Lernen im Netz(-werk)
Rolle der Lernbegleiter			
„Lehrer" Darbietung und Erklärung von Faktenwissen	„Tutor" Methoden, Verfahren, Beraten, Erarbeiten	„Coach" soziale Praktiken, Begleiten, Exploration	„Mentor" Netzwerkbildung, Förderung, Verknüpfung von Lerner im Unternehmen
⬇	⬇	⬇	⬇
Initiierung von Verhalten	Initiierung zielgerichteter Handlungen	Darbietung, Ermöglichung individueller Problemlösungen	Ermöglichung von Problemlösungen in und mit Netzwerken
fremdgesteuertes Lernen		selbstgesteuertes bzw. selbstorganisiertes Lernen	

Tabelle 8: Theorien in der betrieblichen Bildung
(Erpenbeck & Sauter, 2013, S. 40)

Behaviorismus

Dieses Lehrmodell geht davon aus, dass eine wissende und befähigte Person (Lehrer) eine nichtwissende und noch nicht befähigte Person (Schüler) zu einem gewünschten Verhalten bringen kann. Fokus ist hier in erster Linie auf dem Faktenwissen. Der Behaviorismus geht davon aus, dass das Verhalten einer Person in erster Linie durch Konsequenzen aus ihrem Handeln bestimmt wird. Positive Konsequenzen wirken förderlich, wohingegen negative Konsequenzen dazu führen, dass das Verhalten eingestellt wird. Verhalten, welches reaktionslos bleibt, wird gelöscht. Das Lehrmodell ist sehr ergebnisorientiert und vernachlässigt die Emotionen und Motivationen des Lerners. Eine Erklärung für neues Verhalten wird auch nicht geboten.

Kognitivismus

Das Lehrmodell beschreibt Lernen als einen Prozess des aktiven Wahrnehmens, Erfahrens und Erlebens. Der Lerner speichert neues Wissen auf der Grundlage von bestehenden kognitiven Strukturen. Der Lerner nimmt eine aktive Rolle im Lernprozess ein, indem er eigene Problemlösungsstrategien entwickelt, dazu passende Methoden auswählt und schlussendlich seinen eigenen Erfolg reflektiert. Der Lehrer nimmt die Rolle des Lernbegleiters ein, indem er vorgefertigtes und aufgearbeitetes Lernmaterial zur Verfügung stellt und zunächst beobachtet und Feedback gibt. Falls der Bedarf besteht, greift er ein und unterstützt den Lerner. Im Fokus steht weniger das Faktenwissen, sondern mehr fachlich-methodische Kompetenzen. Dies wird besonders in laborähnlichen Situationen realisiert und es werden künstliche Übungsaufgaben und Fallbeispiele bearbeitet. Problematisch dabei ist, dass kaum Werte durch den Lerner verinnerlicht werden, da im „Labor" keine emotionalen Dissonanzen entstehen können und die Fallbeispiele nicht die Praxis ersetzen können. Dies führt zu einem Transferproblem, wenn die Problemstellungen, die darauf folgen auch nur leicht abweichen, „[...] da das erworbene Wissen ‚träge' ist und nicht einfach auf Anwendungskontexte übertragen werden kann" (Erpenbeck & Sauter, 2013, S. 39).

Konstruktivismus

Dieses Lehrmodell bestimmt seit etwa 30 Jahren die betriebliche Pädagogik und das Lernen im Betrieb (Erpenbeck, Sauter & 2013, S. 39). Der Ansatz geht vom Lernen in Situationen aus und demnach ist das Handeln des Lerners das Ergebnis von seinen Entscheidungsprozessen. Der Lerner ist dabei kein isoliertes Individuum, sondern vielmehr eingebunden in ein System aus sozial-kulturellen Kontexten und Handlungsweisen. Der Ansatz ist demnach systemisch zu verstehen. Wissen wird hier nicht vom Lehrer zum Lerner transferiert, wobei fraglich ist, ob das möglich ist, sondern wird in jeder Handlungssituation neu konstruiert. Die große Herausforderung an sämtliche Lehrmodelle ist, den Lerner zu befähigen, immer wieder neue und dynamische Probleme lösen zu können. „Entscheidungssituationen im realen Leben sind komplex, dynamisch, unübersichtlich und spezifisch, so dass keine eindeutige Lösung möglich ist. Sie sind nicht pädagogisch aufbereitet, nicht in leicht verarbeitbare Portionen aufgeteilt und passen nicht in einen festen Zeitplan" (Erpenbeck & Sauter, 2013, S. 39). Dennoch ist die These des Konstruktivismus, dass Lernen ein aktiver, situativer und sozialer Prozess ist, bei dem Probleme selbstorganisiert gelöst werden, ein guter Weg, um den Kompetenzaufbau zu ermöglichen. Dafür ist allerdings nötig, dass die „[...] Lernprozesse individuell, entsprechend den jeweiligen Problemen, Erfahrungen und Lerngeschwindigkeiten sowie den Motivationen jedes einzelnen Mitarbeiters gestaltet werden" (Erpenbeck & Sauter, 2013, S. 39-40). Für das erfolgreiche Lernen und eine dauerhaft gute Implementierung im Betrieb nennen Erpenbeck und Sauter (2013, S. 40-41) noch folgende Bedingungen und Merkmale:

Konstruktivistisches Lernen
-basiert auf eigenständigen Lernaktivitäten
-ist ein selbstorganisierter Lernprozess im Rahmen eines vorgegebenen Lernarrangements
-ist ein konstruktiver Prozess, in dem Strukturen und Verknüpfungen zum Vorwissen entwickelt werden
-ist ein sozialer Prozess, der zumeist in Interaktion mit anderen stattfindet
-ist ein emotionaler Prozess, der die Lerner nicht nur kognitiv, sondern auch emotional und motivational fordert
-liefert authentische Problemstellungen, die für den Lerner bedeutsam sind und den Anwendungsbezug unterstützen
-erzeugt in multiplen Kontexten verschiedene und konkrete Problemstellungen
-bietet multiple Perspektiven und verschiedene Rollen
-bietet Interaktion mit anderen Lernern (sozialer Kontext)
-Lerner und Trainer vereinbaren Kompetenzentwicklungsziele und kommunizieren gleichberechtigt
-Trainer wandelt sich zum Entwicklungspartner

Tabelle 9: Merkmale und Bedingungen für einen erfolgreichen Kompetenzerwerb durch konstruktivistisches Lernen
(Erpenbeck & Sauter, 2013, S. 52-53)

Konnektivismus

Für weitere wichtige Impulse für die pädagogische Gestaltung von Kompetenzentwicklungsprozessen lohnt es sich, den Ansatz des Konnektivismus zu betrachten. Die Erfolgsquote des Lernens und des Erhalts von Kompetenzen wird durch das Lehrmodell gesteigert, in dem der Lerner in Netzwerke eingebunden wird. George Siemens entwickelte diese Lernkonzeption, die aufgreift, dass sich die Lernbedingungen durch technologische Entwicklung, wachsende Vernetzung und neuartige Weisen des „Lernens 2.0" verändert haben. Besonders steht das Lernen im Netzwerk im Vordergrund, dadurch wurde der Name „Connectivism" (dt. Konnektivismus) geprägt. Entwickelt wurde es, weil laut Siemens der Behaviorismus, Kognitivismus und auch Konstruktivismus nicht mehr vollständig den steten Veränderungen in Gesellschaft und Wirtschaft gerecht werden (Erpenbeck & Sauter, 2013,

S. 42). Diese Lehrmodelle basieren auf der Annahme, dass das Lernen entweder extern durch äußere Einflüsse oder intern durch die eigenen Erfahrungen erfolgt. Durch die sinkende Halbwertszeit des Wissens und die daraus resultierende veränderte Kommunikation wird Lernen immer mehr zum Wechselspiel zwischen dem Lerner und seiner Umwelt. Lernen ist somit nicht nur von der eigenen Person abhängig, sondern auch von ihrem Umfeld. Das Umfeld hat einen besonderen Stand, da wir Wissen meistens von einer dritten Instanz oder Person bekommen, wie zum Beispiel Personen, Organisationen und Datenbanken. Um nun sein Wissen immer aktuell und problemgerecht zu sichern, ist es ratsam, ein bedarfsgerechtes Netzwerk aufzubauen (Erpenbeck & Sauter, 2013, S. 42). Als Netzwerk werden in diesem Kontext Verbindungen mit Menschen, Gruppen, Computern und Clouds verstanden.

Abschließend lassen sich folgende Grundsätze für die Lernkonzeption definieren:

Grundsätze Konnektivismus
-Entscheidungen für die Ziele des Lernprozesses liegen bei den Lernern und bilden damit einen eigenständigen Lernprozess.
-Im Kreislauf der Kompetenzentwicklung wird das persönliche Wissen des Einzelnen in ein Netzwerk integriert und in einem gemeinsamen Lernprozess unter Nutzung innovativer Kommunikationstechnologien weiterentwickelt.
-Lernen kann so auch außerhalb des Individuums organisiert werden.
-Das gemeinsame Wissen fließt in das Netzwerk ein und wird allen Lernern bereitgestellt.
-Lernen ist also ein Prozess der Verbindung mehrerer Wissensquellen.
-Lernen umfasst Wissensaufbau, Qualifikation, Werte, Denkhaltungen und Normen in Form von Emotionen und Motivation.
-Aktuelles Wissen aufzubauen, ist für den Lerner wichtiger als ihr persönliches Wissen.
-Lernen erfolgt in differenzierten Lernarrangements aus verschiedenen Verbindungen mit verschiedenen Lernformen und Werkzeugen.

Tabelle 10: Grundsätze für eine erfolgreiche Lernkonzeption
(Erpenbeck & Sauter, 2013, S. 42-43)

Um den Lerntheorien betriebspraktischen Kontext zu verleihen, wird im Folgenden ein Vergleich dargestellt zwischen dem betrieblichen Lernen heute und dem möglichen betrieblichen Lernen in naher Zukunft:

Bereich	Lernen heute	Lernen in naher Zukunft
Wissensaufbau	-starres, zentrales Curriculum -Web Based Trainings -Trainer und E-Tutoren vermitteln zusätzliches Wissen -Lernerfolg wird mit Tests und Prüfungen gemessen	-zusätzlich individuelle Wissensziele im Sinn von projektbezogenen Kompetenzzielen -Web Based Trainings kürzer und modularisiert und in Verbindung mit Transferaufgaben und Projektaufträgen -Wissen aus Open Resources -Wissensaufbau mit Tandempartnern, im Netz und in einer Learning Community
Lernbegleiter	-Trainer, E-Tutor und Coach	-Trainer und Moderator, Tandempartner, Lerngruppen, E-Coach, Projektcoach, Community of Practice

Tabelle 11: Wissensaufbau heute und morgen
(in Anlehnung an Erpenbeck & Sauter, 2013, S. 46)

3.6 Talent

Um dem Begriff des „Leistungsträgers" näher zu kommen, wird zunächst der Begriff „Talent" betrachtet. Die Wissenschaft kennt vier Verständnisse von Talenten in vier Idealtypen (Ritz & Thom, 2018, S. 9):

1. Egalitäres Talentverständnis

2. Hierarchieorientiertes Talentverständnis

3. Potenzialorientiertes Talentverständnis

4. Qualifikationsorientiertes Talentverständnis

Das egalitäre Begriffsverständnis schreibt allen Mitarbeitern Talenteigenschaften zu und ist auf Gleichheit bedacht. So verstehen Erpenbeck und Sauter (2013, S. 61-62) den Begriff des „Talentes" nicht als etwas Exklusives, in dem es „High Potentials", ergo „Top-Performer" und „Mitschwimmer", quasi „Low-Performer", gibt. Vielmehr ist für sie Talentmanagement wichtig für alle Mitarbeiter, und damit wird jeder Mitarbeiter als Talent verstanden. „Das Ziel ist es dabei, die Potenziale aller Talente, also aller Mitarbeiter und Führungskräfte, zu identifizieren, sie zu gewinnen bzw. zu motivieren, zielgerichtet einzusetzen und zu entwickeln sowie dauerhaft zu binden" (Erpenbeck & Sauter, 2013, S.62). Die anderen drei Talentverständnisspielarten gehen davon aus, dass „[...] eine gewisse Anzahl von Mitarbeitenden einen Großteil der Performance von Unternehmen produzieren und eine gewisse Anzahl von Mitarbeitenden sogar einen negativen Einfluss auf die Performance von Unternehmen haben können" (Ritz & Thom, 2018, S. 11).

Ritz und Thom kommen zu folgender Definition: „Talent Management bezeichnet jede Organisationskonzepte und -maßnahmen, die sich gezielt mit der Gewinnung, Beurteilung, Erhaltung und Entwicklung von gegenwärtigen und zukünftigen Mitarbeitern auseinandersetzen, die aufgrund ihrer vergleichsweise knappen, stark nachgefragten und für die Organisation zentralen Schlüsselkompetenzen als Talente bezeichnet werden" (2018, S. 14). Als Kernkompetenzen nennen sie außerdem, dass aus Sicht von Personalkräften neben dem Fachwissen der Talente Lernbereitschaft, Kommunikationsfähigkeit, Initiative und Eigenverantwortung (Ritz & Thom, 2018, S. 15). Für die weiteren Betrachtungen wir das Potenzialorientiertes Talentverständnis herangezogen und schlussendlich auch für die Auswahl der Experten für das Experteninterview. Das Modell unterstützt das Modell, dass Leistungsträger bzw. Top Performer „[...] einen Großteil der Performance von Unternehmen produzieren und eine gewisse Anzahl von Mitarbeitenden sogar negativen Einfluss auf die Performance von Unternehmen haben können" (Ritz & Thom, 2018, S. 11).

4 Methodik

Für die Beantwortung der Untersuchungsfragen wurden Experten aus verschiedenen Branchen herangezogen, die alle ihrerseits einen Expertenstatus zu besitzen scheinen. Teils Angestellte, teils Selbstständige, teils mit oder ohne leitende Position bzw. Führungs- und Geschäftsführerposition. Um dieses Expertenwissen zu ergänzen, wurde eine Literaturrecherche zum Themengebiet der (Kern-) Kompetenz, des Wissens, der Qualifikation, des Kompetenzmanagements, der Kompetenzentwicklung und der Lerntheorien durchgeführt. Dabei wurde besonders auf hohe Aktualität geachtet.

4.1 Literaturanalyse

Diese Ausführungen stellen dar, wie die Literaturrecherche stattgefunden hat.

Zentrale Frage	Merkmale	Begründung
Wo wurde recherchiert?	Springer Link, Google Scholar, ZVAB, Zentrale Hochschulbibliothek Lübeck, Universitätsbibliothek Greifswald, MetaGer	schneller und komplizierter Zugriff auf Fachliteratur mit hoher Aktualität (Springer Link, MetaGer und Google Scholar) und umfangreiches Angebot (Präsenzbibliotheken)
Wie wurde recherchiert, mit welchen Keywords?	Top-Performer, Kompetenzentwicklung, -management, -forschung, -förderung, -bildung, -erwerb und -gesellschaft, Talentmanagement, Talent, Kernkompetenz, Leistungsträger, High Performer, High Potentials, Performanz, Personalentwicklung, -management, -führung und -auswahl, Fertigkeit, Skill, Fähigkeit	möglichst breite Suche und Kombination mehrerer Suchbegriffe, insbesondere mit dem Begriff der „Kompetenz", um die Streuung der Suchtreffer zu minimieren
Welche Recherchestrategie?	Schnellballsystem, gezielte Suchwortabfrage (siehe Keywords)	schneller Einstieg ins Thema und gutes Verständnis von Zusammenhängen innerhalb der Wissenschaftsgemeinde
Darstellung/Auswertung	Überblick über den aktuellen Kenntnisstand und Auswertung in Form der Diskussion und Vergleich mit den eigenen Ergebnissen (Interviews)	Erreichen einer möglichst übersichtlichen und leicht verständlichen Präsentation der empirischen Ergebnisse, dadurch eine gute praktische Verwendbarkeit

Tabelle 12: Merkmale und Begründung der Literaturrecherche

4.2 Experten-Interviews

„Experte beschreibt die spezifische Rolle des Interviewpartners als Quelle von Spezialwissen über die zu erforschenden sozialen Sachverhalte. Experteninterviews sind eine Methode, dieses Wissen zu erschließen" (Gläser & Laudel, 2010, S. 12). In den folgenden Unterpunkten wird dargestellt, nach welchen Kriterien die Stichprobe zusammengestellt wurde, welche Methoden dafür genutzt wurden, wie die Untersuchung verlaufen ist und wie die erhobenen Daten ausgewertet wurden. Durchgeführt wird eine rekonstruierende Untersuchung, denn „schließlich eignen sich standardisierte Vorgehensweisen nicht dafür, das jeweils spezifische Wissen der Experten zu erschließen" (Gläser & Laudel, 2010, S. 37). Hinzu kommt, dass Quantifizierungen wahrscheinlich zu sehr wenigen Zahlen führen würden und damit die relationsorientierte Erklärungsstrategie nicht zur Anwendung gebracht werden könnte (Gläser & Laudel, 2010, S. 37). Viele der vorliegenden Sachverhalte und Prozesse sind einmalig und hoch individuell, sodass quantifizierende Erhebungen dazu führen würden, dass die Ergebnisse das widerspiegeln, was man schon vorab weiß (Gläser & Laudel, 2010, S. 37). Insgesamt umfasst das Experteninterview neun Fragen mit einer zweigeteilten Frage, so ergeben sich zehn Fragen. Die Fragen lassen sich typisieren in vier Faktfragen und sechs Meinungsfragen. Faktfragen sind Fragen nach grundsätzlich überprüfbaren Tatsachen und Meinungsfragen sollen Einstellungen und Bewertungen der Person einfangen (Gläser & Laudel, 2010, S. 122). Um den Einstieg in das Interview den Experten zu erleichtern, folgen zunächst drei einfache Faktfragen und dann erst die Meinungsfragen. Die Meinungsfragen werden benötigt, da die Experten Teil von zu rekonstruierenden Prozessen sind und sie Bewertungen, Handlungsziele und Motive preisgeben sollen (Gläser &Laudel, 2010, S. 123). Da die Beantwortung der Fragen wohl auch Persönlichkeitselemente preisgeben könnte, werden die Experten mit Faktfragen an das Thema herangeführt, auch, um sie nicht zu „überrumpeln". Die Fragen sind aufgeteilt in Detailfragen und Aufforderungen zu einer Darstellung von Sachverhalten bzw. deren Bewertung, abhängig von der intendierten Informationsgewinnung und der Tatsache, ob es sich um eine Fakt- oder Meinungsfrage handelt. Der Inhalt der Fragen kommt durch die im Vorfeld durchgeführte Literaturrecherche und die eigenen Erfahrungen auf dem Gebiet zustande. Die ersten Fragen nehmen die Existenz bzw. Wahrnehmung von Seminaren und Weiterbildungen in den Fokus, da es sehr umstritten scheint, ob und wie diese für den Kompetenzgewinn hilfreich sind. Die Überprüfung der These, dass der beste Lernort die Arbeit selbst und damit auch Lernen im Prozess essentiell ist, erscheint besonders interessant auf dem

Hintergrund der Berufserfahrung der Experten. Ebenso hinsichtlich der Fragen zur Labilisierung bzw. emotionalen „Imprägnierung", eventueller Überforderung und nach persönlichen bedeutenden Problemen und Herausforderungen ist die Beantwortung der aus der Praxis, aus der langjährigen Erfahrung beurteilenden Experten besonders interessant im Kontrast zu den Ergebnissen der Literaturrecherche. Da die Experten alle aus verschiedenen Bereichen kamen, war es besonders spannend, ob sie sich für ähnliche oder komplett verschiedene Kompetenzen aus dem Kompetenzatlas entschieden. Die Durchführung des Experteninterviews lief ab wie folgt: Anruf der in Frage kommenden Experten per Telefon und erstes Gespräch, in dem die Bachelor-Arbeit und mein Vorhaben dargestellt wurden. Nach deren grundsätzlicher Bereitschaft und positiver Bewertung der Eignung der Experten, wurden diese aufgeklärt über den Umfang (ca. eine Stunde) des Interviews. Nach endgültiger Zusage der Experten wurde der Fragebogen per Email versendet mit der Bitte, diesen zeitnah zurückzuschicken. Während dieser Bearbeitungszeit stand ich jederzeit für Verständnisfragen zur Verfügung. Dies wurde von keinem der Experten wahrgenommen.

Die folgende Tabelle fasst Merkmale und deren Begründung der Untersuchung zusammen.

Merkmale	Begründung
Erhebungsmethode: Halbstandardisiertes Interview, da die Fragen zwar standardisiert sind, aber die Antworten nicht und damit qualitative Erhebungsmethode.	Da der Kommunikationsweg elektronisch ist, kommt das nichtstandardisierte Interview nicht in Frage, und da es sich um Rekonstruktion von sehr persönlichen und hochindividuellen Handlungen, Beobachtungen und Erfahrungen handelt.
Kommunikation und Ablauf: Kontakt zunächst telefonisch, um die Bachelor-Arbeit vorzustellen und um die Bereitschaft der Experten zu überprüfen. Zeitaufwand und Umfang des Fragebogens wurden auch vorher mit den Experten besprochen. Rückfragen und Verständnisfragen gab es keine. Die Fragebögen wurden dann per Email verschickt und damit handelt es sich auch um Einzelinterviews.	Grundsätzlich ist ein schriftliches Interview nicht zweckmäßig, denn „[w]egen des zunächst unbekannten Wissens des Experten verbietet sich auch ein standardisiertes oder ein halbstandardisiertes Vorgehen" (Gläser & Laudel, 2010, S. 43). Allerdings sind die Experten in ganz Deutschland ansässig und waren in der Regel für ein persönliches Treffen zu beschäftigt. Um den Wissensstand und die Eignung der Experten abschätzen zu können, wurde deswegen vorher ein Eingangsgespräch am Telefon durchgeführt.

Merkmale	Begründung
	Da viele der Fragen sehr komplex sind und erfordern, dass Erfahrungen, die möglicherweise weit in der Vergangenheit liegen, abgerufen werden müssen, fand das Interview schriftlich statt. So können die Befragten in ihrer eigenen Zeit antworten und können sich die Antworten gut überlegen, und die Bereitschaft, auf sensible Fragen wahrheitsgemäß zu beantworten, ist dadurch ebenfalls gesteigert und wird durch die Anwesenheit des Interviewers nicht beeinflusst. Dadurch, dass die Befragten zumindest Bekannte sind, besteht die Gefahr, dass die persönliche Beziehung das Interview verfälscht. „Zwischen Interviewer und Interviewpartner ist eine Distanz nötig, damit nichts als selbstverständlich angenommen wird" (Seidman, 1991, S. 31). Auch um diese Distanz zu wahren und das Weglassen von selbstverständlichen Zusammenhängen zu vermeiden, wurde das Interview schriftlich durchgeführt.
Stichprobe: Auswahl von Experten im erweiterten Bekanntenkreis und aus dem Kundenstamm nach folgenden Kriterien: 1. Alter: 30-50 2. Berufserfahrung: mehr als 5 Jahre in mindestens 2 Unternehmen 3. Position: Führungs- bzw. in leitender Position (Leistungsträger) 4. Anstellungsverhältnis: Mischung aus Angestellten und Selbstständigen	Die Kriterien stellen sicher, dass ein gewisser Erfahrungsschatz vorhanden ist und die Experten nicht neu im Thema sind. Vor der Auswahl der geeigneten Experten habe ich mir folgende Fragen gestellt (Gläser & Laudel, 2010, S. 117): 1. Wer verfügt über die relevanten Informationen? 2. Wer ist in der Lage, präzise Informationen zu geben? 3. Wer ist bereit, diese Informationen preiszugeben? 4. Wer ist auf welchem Kommunikationsweg verfügbar?
Auswertungsmethode: Freie Interpretation; bedeutet: „Der Forscher liest die Interviews, interpretiert sie und fasst die seiner Ansicht nach für die Beantwortung der Forschungsfrage wichtigen Interpretationen zusammen" (Gläser & Laudel, 2010, S. 45).	Bietet die Möglichkeit, in kurzer Zeit plausible und interessante Ergebnisse zu produzieren (Gläser & Laudel, 2010, S. 45).

Tabelle 13: Merkmale und Begründung der Untersuchung
(eigene Darstellung)

4.2.1 Untersuchungsfrage

Im Kern der Untersuchung geht es um die Beantwortung folgender Fragen:

1. Welche Kompetenzen machen einen „Top-Performer" aus (Kompetenzatlas) und wie ist es ihm gelungen, diese zu erringen (Seminare, Weiterbildungen, extern, intern usw.)?

2. Welche Schlussfolgerungen und Handlungsempfehlungen können daraus für die EMS-Studio 123 GmbH abgeleitet werden?

4.2.2 Fragebogen

Die folgende Tabelle stellt den Rohling des Fragebogens dar:

Fragen
1. Bitte erläutern Sie kurz Ihre Berufsbezeichnung und in wenigen Worten Ihre berufliche Tätigkeit.
2. Finden in Ihrem Unternehmen Fortbildungen/Weiterbildungen/Seminare für die Mitarbeiter statt und wenn ja, werden diese intern oder extern realisiert?
3. Erfolgt eine Ergebnissicherung der Maßnahmen von 2.? Wie bewerten Sie diese?
4. Gibt es E-Learning Formate, Communities of Practice (z.B. Austausch zwischen älteren und jüngeren Mitarbeitern) oder andere betriebsinterne Onlineplattformen für den Wissensaustausch?
5. Es gibt viele Experten, für die der wichtigste Lernort der Arbeitsplatz selbst ist und Kompetenzen nur im Arbeitsprozess selbst erlangt werden können. Wie sehen Sie das?
6. Erpenbeck und Sauter definieren Kompetenz als Fähigkeit, kreativ und selbstorganisiert neue Probleme lösen zu können. Ein wichtiger Bestandteil scheint die emotionale Imprägnierung zu sein. Das bedeutet, dass emotionale Komponenten (z.B.: Frustration, Versagensangst, Neugier, Motivation) beim Lernprozess vorhanden sind und man emotional gefordert ist. Deckt sie das mit Ihren Erfahrungen.
7. Zu welchen Zeitpunkten haben Sie am meisten in Ihrem Beruf gelernt? Gab es besonders große Herausforderungen oder besonders große Probleme zu lösen?
8. Wenn große Herausforderungen zum Erlangen von Kompetenzen notwendig sind, besteht dann nicht auch die Gefahr der Überforderung und daraus resultierender Resignation? Begründen Sie kurz.
9. Entscheiden Sie sich aus Ihrer beruflichen Erfahrung heraus für die wichtigsten fünf Kompetenzen für die Bewältigung Ihres Berufes aus folgendem Kompetenzatlas.

Tabelle 14: Fragenbogen
(eigene Darstellung)

5 Ergebnisse

Es folgt die tabellarische Darstellung der Ergebnisse. Im Sinne der Übersichtlichkeit wurden die Antworten auf die wichtigsten Punkte zusammengefasst. Die unbearbeiteten Antworten und Fragebögen sind im Anhang zu finden.

Die Personen sind mit einem anonymisierten Kürzel benannt: 1F, 2K, 3O, 4Y, 5B.

Person	1F	2K	3O	4Y	5B
Fragen					
1	Market Research Manager	Dipl. Ing. Architekt und Teil der Geschäftsführung	Geschäftsführender Gesellschafter eines Handelsunternehmens	Mitarbeiter im Kapitalmarkt einer europäischen Großbank	Gebietsleiter einer großen deutschen Unterhaltungs GmbH
2	intern, in Ausnahmen auch extern	regelmäßige Fortbildungen sind großes Anliegen, meist extern und dann intern als Fortbildung. Kammer empfehlt das auch und dafür gibt es Punkte	1-2 x pro Monat interne Produktschulungen für Vertriebs- und Logistik- Mitarbeiter, Führungskräfte externe Weiterbildung, überwiegend durch Webinare	intern und extern	Extern: Coach organisiert Seminare und Workshops. Diese besuchen immer 5-8 Mitarbeiter. Geplant ist dieser Prozess auch für die Filialleiter.
3	ja, durch Alltagsgeschäft, nur unregelmäßig	Dokumentation in Personalakte, intern keine Kontrolle, wenn Mitarbeiter sich nicht fortbilden. Finanzielle Förderung für Fortbildungen.	Interne Schulungen: Zusammenfassung der Inhalte durch Protokoll, bei der nächsten Schulung Wiederholung, Abfrage und ggf. Wiederholung. Externe Schulungen: Inhalte werden unter der Prämisse der Nutzbarkeit für den Betrieb der Geschäftsführung vorgestellt und bei Zustimmung erarbeitet der Mitarbeiter einen Maßnahmenplan für die Umsetzung.	bis jetzt nur 1 Seminar mittels Applikation	Ja, durch eine Abschlussveranstaltung, bei der die Ergebnisse aufbereitet und nochmal besprochen werden, und Einzelgespräche.

Person	1F	2K	3O	4Y	5B
Fragen					
4	Fuse für E-Learning, Austausch der Teams, Mentoring-Programm, Austausch zwischen Jung und Alt	Wichtige Neuerungen im Bereich der DIN-Normen werden von Mitarbeitern verwaltet. Dafür gibt's ein Wiki. Qualitätssicherung angelehnt an DIN, aber nicht zertifiziert, da sie als Kreative kein „Korsett" wollen. Entwicklung der Mitarbeiter wird maßgeblich durch die Weitergabe des Wissens der älteren geprägt. „Sache des Charakters", ob ältere dazu bereit sind.	Wissensaustausch zwischen neuen und erfahrenen Mitarbeitern erfolgt nach einer Einarbeitungsphase in monatlichen Einzelgesprächen. Dazu gibt es Interne Prozess- und Produktschulungen und ein Workflow-Handbuch mit allen Kernarbeitsprozessen.	10-15 E-learnings pro Jahr, Intranet und Communities	Aufbau eines Wikis mit dem gesamten Wissen des Konzerns mit Zugriff von allen Mitarbeitern und offene Kommunikation.
5	Ja, wenn Wissen schon da ist und wenn ein erfahrener Kollege Kompetenzen einbringen kann. Unternehmen dreht sich im	Ja, ist Teilaspekt. Kompetenzentwicklung beruht auf vielen Aspekten. Besonders die Interaktion mit anderen Menschen (intern, extern). Hier müssen durch Erfolge	Ja, Lernort des Arbeitsplatzes ist essentiell für Erlangung betriebsinterner Kompetenz. Aneignung zusätzlicher Kompetenzen über Fachliteratur/Seminare ist unerlässlich für Mitarbeiter mit dem Bestreben nach einer Führungsposition.	Arbeitsplatz ist wichtigster Lernort, Seminare ergänzen.	Ja, das trifft zu. Mitarbeiter dürfen nicht alleine gelassen werden, denn sonst können sie sich im Prozess verlieren. Mentoring ist wichtig. Richtige Fehlerkultur wichtig für den Erfolg des Lernens im Arbeitsprozess.

Person	1F	2K	30	4Y	5B
Fragen					
	Kreis, wenn es nur auf interne Wissensweitergabe setzt.	und Misserfolge notwendige Erfahrungen gemacht werden.			
6	Ja.	Ja. Zunehmend wird wahrgenommen, dass ein Überhang an Frustration und Misserfolg in die Depression führt. Enormer Erfolgsdruck von außen (Kundenziele).	Ja.	Lernen ist nur effektiv bei Neugier und Eigenmotivation.	Ja. Wenn keine Fehler gemacht werden dürfen/können, dann kann auch nichts gelernt werden.
7	Anfang des Berufslebens, da wenig Vorbereitung auf die wahre Arbeitswelt	In den ersten 10 Berufsjahren. In dieser Zeit waren die Herausforderungen am größten. Herausforderungen immer noch groß, aber durch die eigene Entwicklung weniger anstrengend.	Zunächst unüberwindbare Herausforderungen hatten retrospektiv einen hohen Lerneffekt. Das Begehen von Fehlern ebenso.	Beständiger Lernprozess	Große Herausforderung, als ein nicht korrektes Verhalten und unangemessene Kommunikation gegenüber einem Mitarbeiter vorlag. Wurde gelöst und damit viel über die eigene Person gelernt und danach anders kommuniziert.
8	Wenn die Arbeit Spaß macht, dann ist man stressresistenter,	Persönliche Einschätzung in die eigenen Möglichkeiten führt dazu, mit den	Gefahr der Überforderung besteht am Anfang durch Ungewissheit, ob eine Lösung für ein Problem gefunden werden kann. Wird die Gesamtlösung	Ja, vor allem bei hoher Auslastung der täglichen Arbeit.	Ja, die Gefahr besteht durchaus, mit dem richtigen Mentoring oder der richtigen Dosis der Forderung, kann man das Risiko minimieren.

Person	1F	2K	3O	4Y	5B
Fragen					
	als wenn man sich durch-kämpfen muss. Über-forderungen an Rahmenbe-dingungen ge-koppelt, z.B. Fehlerkultur. Überforde-rung bei jeder Aufgabe, wenn der Rahmen nicht passt.	Herausforderungen klar zu kommen. Zu groß gesteckte Ziele führen zur Überfor-derung. Gesundes Wachsen schützt vor Burnout.	unterteilt in Einzelschritte, sinkt der innere Druck und es stellen sich schneller Erfolgserlebnisse ein. Dies führt zu Motivation und hilft, dass das Problem nicht mehr unüberwindbar scheint.		
9	Initiative, Ei-genverant-wortung, ganzheitliches Denken	P/A, S/P, S	Schöpferische Fähigkeit, Lernfä-higkeit, Disziplin, Beharrlichkeit, Initiative, Belastbarkeit, Beurtei-lungsvermögen	Beziehungs-manage-ment, Opti-mismus	Empathie (Verständnisfähigkeit), Tatkraft, Entscheidungsfähigkeit, Mitarbeiterförderung, Delegieren

Tabelle 15: Darstellung der Ergebnisse der Experteninterviews
(eigene Darstellung)

6 Diskussion

In einem ersten Schritt werden die Ergebnisse miteinander verglichen und dargestellt, wo es Unterschiede und Gemeinsamkeiten gibt. In einem zweiten Schritt werden die Ergebnisse mit dem aktuellen Kenntnisstand verglichen, um dann abschließend Handlungsempfehlungen zu formulieren.

6.1 Diskussion der Ergebnisse

Im Folgenden und ersten Schritt werden die Gemeinsamkeiten und Unterschiede in den Expertenantworten prägnant dargestellt und interpretiert:

Bei allen fünf Befragten finden externe, interne Schulungen oder beides regelmäßig statt. Für die Weiterbildungen, Seminare und Workshops gibt es bei allen eine Form der Ergebnissicherung, auch wenn diese sehr unterschiedlich stattfindet. 3O und 5B beschreiben sehr genaue Abläufe, die mit erheblichem Aufwand in den Unternehmen zur Ergebnissicherung stattfinden. Bei 1F und 2K hingegen fällt auf, dass es entweder keine direkte Kontrolle gibt oder es durch den Arbeitsalltag in Vergessenheit gerät. Demnach ist es den Unternehmen durchweg wichtig, die Mitarbeiter weiterzubilden, wohingegen die Konsequenz der Ergebnissicherung und Kontrolle unterschiedlich ist.

Die Befragten 1F, 2K, 3O und 5B haben ausdrücklich die Wichtigkeit des Wissenstransfers von erfahrenen und älteren Mitarbeitern auf neue Mitarbeiter genannt. 4Y hingegen nannte nur E-Learnings und ein Seminar per Applikation. Zudem gab 1F auch an, dass E-Learnings ein Teil des Weiterbildungskonzeptes ihres Unternehmens sind. Eine mögliche Erklärung hierfür könnte sein, dass es sich bei den Unternehmen von 1F und 4Y um neuere Unternehmen handelt, die ihren Fokus mehr auf das Lernen im Netz bzw. in der Cloud setzen und auf weniger traditionelle Methoden vertrauen.

Zur fünften Fragen nach dem Arbeitsplatz als Lernort und der These, dass sich Kompetenzen nur im Prozess der Arbeit erringen lassen, äußerten sich alle fünf Befragten ähnlich. Zunächst antworten sie alle mit „ja". Zusätzlich wurde auch formuliert, dass die Kompetenzentwicklung aus mehreren Aspekten besteht und nicht eindimensional zu sehen ist. Außerdem gaben vier der Befragten noch ihrer Meinung nach wichtigen Voraussetzungen für die Kompetenzentwicklung an. Für 1F ist es unabdingbar, dass vorher schon Wissen vorhanden ist und ein erfahrener Kollege seine Kompetenzen unterstützend einbringen kann. 2K bezeichnet das globaler, indem die Interaktion mit anderen Menschen extern wie intern als besonders wichtig herausstellt wird. Weiterhin müssen Erfahrungen durch Erfolge und Misserfolge gemacht werden. Die Person 3O nennt ergänzend, dass für Mitarbeiter, die eine Führungsposition anstreben, Fachliteratur und Seminare wichtig sind. 5B knüpft bei 1F und 2K an, indem man zu bedenken gibt, dass Mitarbeiter bei der Kompetenzentwicklung nicht alleine gelassen werden dürfen und es Mentoring braucht, um sie erfolgreich zu machen. Zudem nennt 5B auch die richtige Fehlerkultur als Erfolgsfaktor.

Vier der Befragten (1F, 2K, 3O und 5B) schließen sich der These an, dass die emotionale „Imprägnierung" ein wichtiger Bestandteil des Lernprozesses von Kompetenzen ist. 4Y gibt an, dass Lernen nur effektiv ist, wenn Neugier und Eigenmotivation beim Lernen vorhanden sind. Damit tendiert er in eine ähnliche Richtung wie die 4 anderen Befragten.

1F und 2K nennen beide ihre ersten Berufsjahre, die von besonders großen Herausforderungen gekennzeichnet waren. 1F begründet dies mit der mangelnden Vorbereitung in der Ausbildung auf die wahre Arbeitswelt. Person 5B nennt ein sehr konkretes Beispiel für eine relativ neue (2015) große Herausforderung, die sie meistern musste. Sie ging von einem eigenen Fehlverhalten aus und machte sich bewusst, wie sie kommuniziert und dies bei anderen Menschen ankommt. 3O schreibt den unüberwindbar scheinenden Herausforderungen, die dann doch gemeistert wurden, einen hohen Lerneffekt zu und kommt zu einem ähnlichen Schluss wie 5B. 4Y nennt keinen spezifischen Zeitpunkt, sondern bezeichnet es als beständigen Lernprozess.

Die Gefahr der Überforderungen sehen alle fünf Befragten. Zusätzlich zeigen sie Wege auf, die Gefahr zu minimieren oder finden Erklärungsansätze. 1F nennt Spaß an der Arbeit (Arbeitnehmerseite), die richtigen Rahmenbedingungen (Arbeitgeberseite) und den richtigen Umgang mit Fehlern, sprich Fehlerkultur, als Faktoren, die die Arbeit stressfreier machen. Person 2K nennt als wichtigen Faktor die reale und gesunde Selbsteinschätzung, um sich nicht zu große Herausforderungen zu suchen. Für sie schützt auch gesundes Wachstum vor Burnout. 3O geht in der Beantwortung in eine ähnliche Richtung wie 2K. Für sie ist der Schlüssel zum Erfolg, dass die Gesamtlösung eines Problems in Teilprobleme strukturiert wird. Dadurch sinkt der Druck und es stellen sich schneller Erfolge ein. Dem schließt sich 5B an und ergänzt die Wichtigkeit des Mentorings.

Für die Interpretation der letzten Frage (Kompetenzatlas, Erläuterung unterhalb der Tabelle) ist zunächst eine Übersicht zur Verteilung unabdingbar:

Art	Perso-nale Kompe-tenz	Aktivitäts- und Handlungskom-petenz	Sozial-Kommuni-kative Kompetenz	Fach- und Me-thodenkompe-tenz
Anzahl der Nennungen in der Befragung	8	6	5	2
Verteilung gem. Kompetenzatlas	3 P/F 2 P/S 2 P 1 P/A	2 A/P 2 A 2 A/S 1 A/F	2 S 2 S/F 1 S/P	2 A/P 2 A 2 A/S 1 A/F

Tabelle 16: Verteilung der Antworten zu Frage 9
(eigene Darstellung)

Erläuterung: Die vier Kompetenzarten des Kompetenzatlas machen die vier senkrechten Spalten der Tabelle aus (P – A – S – F), diese können alleine stehen oder mit anderen kombiniert sein (P/A – P/S – P/F), (A/P – A/S – A/F), (S/P – S/A – S/F), (F/P – F/S – F/A), vgl. Abb. 5.

Trotz recht ähnlicher Antworten im Fragebogen des Experteninterviews kommen die fünf Befragten auf sehr unterschiedliche Kernkompetenzen. Das deutet darauf hin, dass die jeweiligen Kernkompetenzen der Leistungsträger berufsspezifisch sind und sich mit den vorhandenen Rahmenbedingungen und anstehenden Herausforderungen auch verändern können. So gab es bei 21 Nennungen nur eine direkte Überschneidung mit „Optimismus". Sehr auffällig ist, dass die Verteilung mit 8, 6 und 5 relativ gleichmäßig ist, wobei die Fach- und Methodenkompetenz mit nur zwei Nennungen weit abgeschlagen ist und F/A, F und F/S komplett unwichtig sind für die Befragten.

Abschließend können sechs Hauptergebnisse aus den Experteninterviews gezogen werden:

Interne und externe Weiterbildungen finden statt, aber mit unterschiedlich guter Ergebnissicherung: Wie im Punkt 3.4.3 zur Kompetenzentwicklung dargestellt, bilden sich über die Hälfte der Mitarbeiter in Unternehmen jedes Jahr weiter. Dies wird auch durch die Befragung bestätigt. Hier sind es sogar 100% (5 von 5). Die Sinnhaftigkeit haben die Experten nicht in Frage gestellt, ganz im Gegenteil zu Erpenbeck, Sauter oder Kirkpatrick, aber dennoch die Ergebnissicherung als „schwammig" beschrieben, da sie entweder oft vergessen wird oder gar nicht stattfindet. Diesen Selbstzweck beschreiben auch die oben genannten Autoren. Auch die unter Abschnitt 3.2 zur Qualifizierung genannten Daten und Zahlen deuten darauf hin, dass die meisten Unternehmen Weiterbildungen und Seminare durchführen, trotz erheblicher Hindernisse.

Der Wissenstransfer findet hauptsächlich durch den Austausch von erfahrenen und jüngeren Kollegen statt. Nebensächlich durch E-Learning Formate. Der erfahrene Kollege nimmt hier die Rolle des Lernbegleiters ein, zu finden in allen der vier dargestellten Lerntheorien. Zwar nennen die Befragten kein Netzwerk, keine Learning Community oder Community of Practice, allerdings betonen sie die Wichtigkeit der offenen Kommunikation und der sozialen Interaktion.

Der Arbeitsplatz ist ein wichtiger Lernort und das Lernen im Prozess essenziell für den Kompetenzgewinn. Sowohl die Erkenntnisse der Literaturrecherche als auch die Antworten der Befragten deuten darauf hin, dass der Arbeitsplatz als ein wichtiger Lernort gilt und das Lernen im Prozess entscheidend für den Kompetenzgewinn ist.

Besonders in den ersten Berufsjahren sind die Herausforderungen erheblich, wenn diese gemeistert werden, gibt es einen großen Lerneffekt. Dieser Aspekt lässt sich nicht vollständig aus der Literaturrecherche bestätigen, da zu den ersten Berufsjahren keine gesonderte Aussage getroffen wird. Jedoch erachten sowohl die Befragten als auch die genannten Autoren die erfolgreiche Bewältigung gerade großer Herausforderungen als den entscheidenden Faktor im Kompetenzerwerb.

Überforderungen gehören zu Realität, gutes Mentoring, die richtigen Rahmenbedingungen und eine gesunde Fehlerkultur sorgen für Schutz vor diesen bzw. kompensieren sie. Der oben beschriebene aktuelle Kenntnisstand beschreibt Überforderungen als Teil der emotionalen Imprägnierung und damit notwendige Voraussetzung im Prozess der Kompetenzgewinnung.

Die jeweiligen Kernkompetenzen der Leistungsträger sind berufsspezifisch und verändern sich mit den vorhandenen Rahmenbedingungen und anstehenden Herausforderungen. Der oben beschriebene aktuelle Kenntnisstand kann diese These weder unterstützen noch widerlegen.

6.2 Diskussion der Methodik

Die Diskussion der Methodik ist eine kritische Auseinandersetzung mit den ange-
wendeten Werkzeugen, dem Ablauf der Untersuchung und den weiteren Merkmalen der Experteninterviews und der Literaturrecherche.

Problematisch an jedem Experiment bzw. Untersuchung ist die Tatsache, dass die
Untersuchungsobjekte wissen, dass sie an einem Experiment teilnehmen und dieser Umstand Einfluss auf ihre Antworten bzw. Handeln hat.

Merkmale	Kritik
Erhebungsmethode: Halbstandardisiertes Interview	Standardisierte Interviews sind Teil der quantitativen Sozialforschung und nicht standardisierte Interviews Teil der qualitativen Sozialforschung. „Halbstandardisierte Interviews haben in der Forschungspraxis wenig Bedeutung" (Gläser & Laudel, 2010, S.41). Idealerweise wäre ein nichtstandardisiertes Leitfadeninterview mit Frageliste erfolgt, da es um die Rekonstruktion von sozialen Sachverhalten geht und damit gewährleistet werden kann, dass der Gesprächspartner zu allen wichtigen Aspekten Informationen gibt.
Kommunikation und Ablauf	Durch die schriftliche Durchführung der Experteninterviews entstehen einige Nachteile: weniger Kontrolle über den Informationsgehalt, keine Möglichkeit der Nachfrage oder Folgefrage, keine Körpersprache und das Fehlen von akustischen und visuellen Informationen (Gläser & Laudel, 2010, S.153-154).
Stichprobe	Die Auswahl von in Deutschland weit verteilten Experten hat Einfluss auf die Kommunikation und die Art der Erhebungsmethode. Die teilweise Auswahl von Bekannten bzw. Freunden birgt auch Gefahren: Entstehung von Bias der der Fallauswahl, veränderte Interviewsituation durch Beziehung oder gemeinsame Erfahrungen, fehlende Distanz und der Tatsache, dass beide Parteien ihre gemeinsame Beziehung nicht durch ein Interview gefährden wollen. Diese Verzerrung muss einkalkuliert werden (Gläser & Laudel, 2010, S.118).

Merkmale	Kritik
Auswertungs-methode: Freie Interpretation	Qualitative Auswertungsmethoden haben fast immer das gleiche Problem: „Sie müssen ein prinzipiell unscharfes Datenmaterial auswerten, das auch schwer interpretierbare, irrelevante und widersprüchliche Informationen enthalten kann " (Gläser & Laudel, 2010, S.43). Diese Unschärfe ist zwar gewollt und beschreibt die Art und Weise, wie die Erhebungsmethode das Prinzip der Offenheit realisiert, ist dennoch problematisch. Die Auswertungsmethode produziert zwar schnell attraktive Ergebnisse, ist aber eigentlich keine valide Auswertungsmethode, denn da „keine Verfahrensregeln existieren und das Vorgehen nicht weiter beschrieben werden kann, kann niemand nachvollziehen, wie der Forscher von seinen empirischen Daten zu seinen Schlussfolgerungen gekommen ist" (Gläser & Laudel, 2010, S.45).
Literatur-recherche	Dadurch, dass mit dem Schneeballverfahren gesucht wurde, ist die Autorenschaft der angeführten Literatur sehr homogen, allerdings auch sehr aktuell.

Tabelle 17: Kritische Reflexion der Methodik

6.3 Handlungsempfehlungen

Ziel der Befragung der Experten und der Literaturrecherche ist die Ableitung von Handlungsempfehlungen. Die Herausforderung hierbei ist es, die entstandenen Ergebnisse auf die Bedürfnisse des Unternehmens anzupassen und auch den Rahmen, den das Unternehmen bieten kann, einzuschätzen. „Für viele mittelständische und besonders für kleine Unternehmen besteht darüber hinaus das Problem, dass ihnen die Zeit und teilweise auch die Möglichkeiten für ein betriebliches Kompetenzmanagement fehlen [...]" (Erpenbeck & Sauter, 2016, S. 147). Zudem fehlt es oft an Instrumenten zur Kompetenzmessung und daher wird nach wie vor auf tradierte Abschlüsse und Qualifikationen gesetzt. Dies trifft auch auf das Unternehmen „EMS-Studio 123 GmbH" zu.

Grundsätzlich handelt es sich bei dem Unternehmen um ein Mikrostudio mit weniger als zehn Mitarbeitern an zwei Standorten. Durch den Premiumcharakter aufgrund der sehr günstigen Trainer-Kunden-Relation herrscht eine sehr intime Atmosphäre und der Kundenkontakt ist sehr eng.

Zunächst einige Grundüberlegungen vor der Formulierung von Handlungsempfehlungen:

Kompetenzen können nicht vermittelt werden: Wer Informationen vermittelt bekommt, verfügt noch über kein eigenes Wissen. „Von Anfang an hat die konstruktivistische Pädagogik, haben Rolf Arnold, Horst Siebert und viele Mitstreiter den Begriff der Wissensvermittlung als Mythos entlarvt. Als mechanistischen Mythos, der mit der Idee vom Nürnberger Trichter den deutlichsten Stempel des Absurden aufgedrückt bekam" (Erpenbeck & Sauter, 2013, S. 191). Das bedeutet nichts anderes, als dass Erfahrungen selbst gemacht werden müssen, die angehenden Führungskräfte benötigen Vorwissen und eine emotionale „Imprägnierung", um in langwierigen Prozessen sich zu Kompetenzen zu entwickeln bzw. zu ergänzen und zu erweitern. Um dies zu ermöglichen, braucht es Lernen im Prozess der Arbeit. Der Arbeitsprozess mit seinen echten Herausforderungen und Hemmnissen liefert emotionale Labilisierungen. Die Befragten beschrieben dies als „richtige Fehlerkultur", indem jeder Mentor sich als Lernbegleiter versteht. Die Mitarbeiter müssen motiviert werden und die Erlaubnis bekommen, Fehler machen zu dürfen, denn genau das fördert auch den Handlungswillen und schreckt nicht ab.

Handlungsempfehlung: Richtige Fehlerkultur implementieren, Fehler dürfen gemacht werden, und gerade dadurch wertvolle eigene Erfahrungen, und das Mentoring ausbauen.

Die Rolle des Lernbegleiters ist in allen Lerntheorien zu finden, auch die Befragten sprachen dem Mentoring eine bedeutende Rolle zu. Die Ergebnisse aus dem aktuellen Kenntnisstand der Wissenschaft deuten auch darauf hin, dass das Lernen im sozialen Netz hilfreich sein kann, z.B. in einer Community of Practice und anderen Learning Communities.

Handlungsempfehlung: Tandempartner einsetzen zum gemeinsamen Lernen, betriebsübergreifende Community of Practice innerhalb der lokalen Branche anregen.

„Die Mitarbeiter tragen an ihrem Arbeitsplatz immer mehr Eigenverantwortung und organisieren ihre Prozesse selbst" (Erpenbeck & Sauter, 2016, S. 209). Dies kann auch für den notwendigen Wissensaufbau realisiert werden.

Handlungsempfehlung: „Das Erfahrungswissen der Mitarbeiter ist ein Schatz der Unternehmen, der heute oftmals im Verborgenen bleibt" (Sauter, Scholz, 2015, Vorwort, VIII). Mit diesem Wissen lässt sich folgende Aufgabe formulieren: Betriebsrelevantes Wissen sammeln, kategorisieren und den gesamten Mitarbeitern in Form eines Wikis zu Verfügen stellen. Damit wird der Wissensmigration bei Austritt von erfahrenen Mitarbeitern entgegengewirkt und ermöglicht den verbliebenen Mitarbeitern jederzeit, on demand und selbstorganisiert Wissen aufzubauen.

Francis Bacon erkannte schon „Wissen ist Macht". Diese Wahrheit ist aktueller denn je, denn Wissen wird immer stärker als Ressource betrachtet: „In den Unternehmen nimmt die Zahl der Wissensarbeitenden rasch zu und ein steigender Anteil unserer Wirtschaftsleistung geht auf wissensintensive Innovationen zurück. Die Wissensgesellschaft der Zukunft ist eine Kompetenzgesellschaft, der globale Konkurrenzkampf der Zukunft wird als Kompetenzwettbewerb ausgetragen" (Sauter & Scholz, 2015, Vorwort, VII). Arbeitnehmer und Arbeitgeber, die zukunftssicher sein möchten, sollten jetzt über die Implementierung eines Kompetenzmodelles nachdenken.

Handlungsempfehlung: Schaffung eines Rahmens, der es allen Mitarbeitern und Führungskräften ermöglicht, ihr individuelles Erfahrungswissen in den Kompetenzentwicklungsprozess miteinzubringen und mit ihren Kollegen kollaborativ und lösungsorientiert diesen Prozess zu entwickeln.

Handlungsempfehlung: Vision des Unternehmens transparent machen und konsequent vorleben und in die Kompetenzorientierung zu integrieren. Gleichzeitig den Mitarbeitern auch ermöglichen, dass sie ihre Kompetenzziele auf Basis ihrer Profile selbstorganisiert und in Abstimmung mit der Unternehmensführung zu definieren.

7 Zusammenfassung

Ziel der Arbeit ist es, Erkenntnisse zu gewinnen und darzustellen zum Thema: Was machen Leistungsträger aus? Welche (Kern-) Kompetenzen haben Leistungsträger? Und vor allem, wie haben sie sie erlangt? Diese Erkenntnisse fließen direkt in angepasste Handlungsempfehlungen, die dem Betrieb „EMS-Studio 123 GmbH" zugutekommen. Die Hauptaufgabe hierbei ist, die Ergebnisse aus der Literaturrecherche und den Experten-Interviews auf die individuellen Bedürfnisse und Rahmenbedingungen des Unternehmens anzupassen. Methodisch startet der Erkenntnisgewinn bei der Literaturrecherche. Die Ergebnisse aus der Recherche sind essentiell für die Erstellung des Fragebogens für die Experteninterviews. Die Ergebnisse der freien Interpretation der Experten-Interviews und der Literaturrecherche haben zu folgenden Forschungsfragen aussagekräftige und hilfreiche Ergebnisse produziert.

1. Welche Kompetenzen machen einen „Top-Performer" aus (Kompetenzatlas) und wie ist es ihm gelungen, diese zu erringen (Seminare, Weiterbildungen, extern, intern usw.)?

2. Welche Schlussfolgerungen und Handlungsempfehlungen können daraus für die EMS-Studio 123 GmbH abgeleitet werden?

Ergebnisse:

1. Wissen, Werte, Qualifikation und der Transfer in der Praxis sind wichtige Bestandteile der Kompetenz und wichtige Schritte zur Kompetenzentwicklung.

2. Kompetenz bedeutet, dass ein Mitarbeiter selbstorganisiert und kreativ neue Probleme lösen kann.

3. Die beliebteste Methode der Unternehmen zur Kompetenz heißt Weiterbildung. Durch verschiedene Quellen und Statistiken ist dies sehr umstritten und der Transfer von im Seminar gelernten Inhalten auf den Arbeitsalltag ist fragwürdig.

4. Lernen am Arbeitsplatz und im Prozess der Arbeit kann aufgrund der Ergebnisse der Literaturrecherche und der Auswertung der Experten-Interviews als wichtig für den Kompetenzgewinn bezeichnet werden.

5. Selbstgesteuertes und selbstorganisiertes Lernen ist fremdgesteuertem Lernen vorzuziehen.

6. „Emotionale Imprägnierung" und die emotionalen Dissonanzen sind unerlässlich beim Kompetenzgewinn. Ohne Herausforderungen, die Emotionen beim Lernen auslösen, ist Kompetenzgewinn schwierig bzw. sogar fraglich.

7. Jeder Top-Performer hat sein eigenes und individuelles Kompetenzprofil, was ihn zum Leistungsträger macht. Mit wachsenden Herausforderungen und veränderten Bedingungen kann sich das Kompetenzprofil auch verändern.

8. Der Fach- und Methodenkompetenz haben die Experten am wenigstens Relevanz zugesprochen. Personale Kompetenz, Aktivitäts- und Handlungskompetenz und sozial-kommunikative Kompetenz wurden gleich wichtig bewertet.

9. Als grundsätzliche Kernkompetenzen können dennoch Lernbereitschaft, Kommunikationsfähigkeit, Initiative und Eigenverantwortung betrachtet werden.

Literaturverzeichnis

Baumgart, E., Bücheler, H. (1998). Lexikon Wissenswertes zur Erwachsenenbildung. Neuwied: Luchterhand.

Boshowitsch L. I. (1970). Die Persönlichkeit und ihre Entwicklung im Schulalter. Berlin: Volk und Wissen.

DSSV (Hrsg.). (2019). Eckdaten 2019 der deutschen Fitness-Wirtschaft.

Erpenbeck J. & Brenninkmeyer, B. (2007). Werte als Kompetenzkerne des Menschen. Das WERDE® System: Erfassung der Kompetenz-Wert-Kombinationen von Personen. In: Heyse, V. & Erpenbeck, J. (Hrsg.), Kompetenzmanagement. Methoden, Vorgehen, KODE®X im Praxistest (S. 251-290). Münster: Waxmann Verlag

Erpenbeck, J. & Hasebrook, J. (2011). Sind Kompetenzen Persönlichkeitseigenschaften In Faix, W. & Auer, M. (Hrsg.), Kompetenz. Bildung. Persönlichkeit. (S.227-263). Steinbeis-Edition: Stuttgart.

Erpenbeck, J. & Rosenstiel von, L. (2007). Handbuch Kompetenzmessung: Erkennen, verstehen und bewerten von Kompetenzen in der betrieblichen, pädagogischen und psychologischen Praxis. Schäfer Poeschel: Stuttgart.

Erpenbeck, J. & Sauter, W. (2007). Kompetenzentwicklung im Netz. New Blended Learning mit Web 2.0. Köln: Epubli.

Erpenbeck, J. & Sauter, W. (2013). So werden wir lernen! Kompetenzentwicklung in einer Welt fühlender Computer, kluger Wolken und sinnsuchender Netze. Berlin: Springer Gabler.

Erpenbeck, J. & Sauter, W. (2015). Wissen, Werte und Kompetenzen in der Mitarbeiterentwicklung. Ohne Gefühl geht in der Bildung gar nichts. Wiesbaden: Springer Gabler.

Erpenbeck, J. & Sauter, W. (2016). Stoppt die Kompetenzkatastrophe! Wege in eine neue Bildungswelt. Berlin Heidelberg: Springer.

Erpenbeck, J. & Sauter, W. (2018). Wertungen, Werte- Das Fieldbook für ein erfolgreiches Wertemanagement. Berlin: Springer.

European Commision, Directorate-General for Education and Culture (2004) Towards a European qualifications framework. Brüssel.

Gerhards, S., & Trainer, B. (2007). Wissensmanagement. 7 Bausteine für die Umsetzung in der Praxis. (3. Aufl.). München: Hanser.

Gläser, J. & Laudel, G. (2010). Experteninterviews und qualitative Inhaltsanalyse. Wiesbaden: VS Verlag.

Gris, R. (2019). Weiterbildungsfakten. Zugriff am 28.04.2019. Verfügbar unter https://www.weiterbildungsluege.de/weiterbildungsfakten/index.html

Hossip, R. & Mühlhaus, O. (2005). Personalauswahl und -entwicklung mit Persönlichkeitstests (Praxis der Personalpsychologie, Band 9). Hogrefe: Göttingen.

Krumm, S., Mertin, I., Dries, C. (2012). Kompetenzmodelle. Göttingen: Hogrefe.

Ortmann, G. (2014). Können und Haben, Geben, Nehmen. Kompetenzen als Ressourcen: Organisation und strategisches Management. In Windeler A. & Sydow J. (Hrsg.), Kompetenz: Sozialtheoretische Perspektiven (S. 20-97). Wiesbaden: Springer Fachmedien.

Ritz, A. & Thom, N. (2018). Talent Management. Talente identifizieren, Kompetenzen entwickeln, Leistungsträger erhalten. Wiesbaden: Springer Gabler.

Sauter, W. & Scholz, C. (2015). Kompetenzorientiertes Wissensmanagement. Gesteigerte Performance mit dem Erfahrungswissen aller Mitarbeiter. Wiesbaden: Springer Gabler.

Seidman, I. E. (1991). Interviewing As Qualitative Research: A Guide for Researchers in EducationAnd the Social Sciences. New York: Teachers College Press.

Weinert, F. E. (2001). Leistungsmessungen in Schulen. Beltz: Weinheim Verlag.

Anhang

Im Anhang sind die ausgefüllten Interviews der Experten zu finden.

Anhang 1: 1F

Thema: Potenziale entfalten und beruflich das Beste erreichen. Top-Performer statt „Mitschwimmer". Analyse der (Kern-) Kompetenzen von Leistungsträgern und Erstellung von Handlungsempfehlungen für die Personalentwicklung.

Kompetenz wird hierbei im Folgenden als die Fähigkeit verstanden, neue und alte Probleme kreativ und selbstorganisiert zu bewältigen.

Fragen

1. Bitte erläutern Sie kurz Ihre Berufsbezeichnung und in wenigen Worten Ihre berufliche Tätigkeit.

   Antwort: Market Research Manager – Markt und Wettbewerbsbeobachtung für Zentraleuropa, Unterstützung in Marktforschungsprojekten sowohl produktbezogen als auch kundenbezogen.

2. Finden in Ihrem Unternehmen Fortbildungen/Weiterbildungen/Seminare für die Mitarbeiter statt und wenn ja werden diese intern oder extern realisiert?

   Antwort: Ja, interne Organisation in Ausnahmen auch extern.

3. Erfolgt eine Ergebnissicherung der Maßnahmen von 2.? Wie bewerten Sie diese?

   Antwort: Ja, wird gemacht – Nachverfolgung gerät aber oft in Vergessenheit im Alltagsgeschäft.

4. Gibt es E-Learning Formate, Communities of practice (z.B.: Austausch zwischen älteren und jüngeren Mitarbeitern) oder andere betriebsinterne Onlineplattformen für den Wissensaustausch?

   Antwort: Ja, Fuse für E-Learning (gerade mit Fokus), Austausch in den Teams und über die Teams, meistens gibt es einen jüngeren Kollegen, der einen Sparringpartner hat, Mentoring.

5. Es gibt viele Experten für die der wichtigste Lernort der Arbeitsplatz selbst ist und Kompetenzen nur im Arbeitsprozess selbst erlangt werden können. Wie sehen Sie das?

   Antwort: Kommt darauf an, ob das Wissen schon vor Ort ist. Wenn ein sehr erfahrener Kollege da ist, der seine Kompetenzen einbringen kann, ok.

Externes Wissen ist aber immer gut – daher sind Seminare sehr sinnvoll und ich glaube, dass ein Unternehmen sich im Kreis dreht, wenn es nur auf interne Wissensweitergabe setzt.

6. Erpenbeck und Sauter definieren Kompetenz als Fähigkeit, kreativ und selbstorganisiert neue Probleme lösen zu können. Ein wichtiger Bestandteil scheint die emotionale Imprägnierung zu sein. Das bedeutet, dass eine emotionale Komponente (z.B.: Frustration, Versagensangst, Neugier, Motivation) beim Lernprozess vorhanden ist und man emotional gefordert ist. Deckt sich das mit Ihren Erfahrungen?

   Antwort: Ja.

7. Zu welchen Zeitpunkten haben Sie am meisten in Ihrem Beruf gelernt? Gab es besonders große Herausforderungen oder besonders große Probleme zu lösen?

   Antwort: Anfang des Berufslebens – man wird einfach wenig auf die wahre Arbeitswelt vorbereitet.

8. Wenn große Herausforderungen zum Erlangen von Kompetenzen notwendig sind, besteht dann nicht auch die Gefahr der Überforderung und daraus resultierender Resignation? Begründen Sie kurz.

   Antwort: Kommt auf den Menschen an. Wenn einem etwas Spaß macht, ist man stressresistenter, als wenn man sich nur durchkämpfen muss. Die Überforderung hängt auch immer von den Rahmenbedingungen ab – Stichwort Fehlerkultur.

   Ich glaube, dass Überforderung immer droht, auch bei kleinen Aufgaben, wenn der Rahmen nicht passt.

9. Entscheiden Sie sich aus Ihrer beruflichen Erfahrung heraus für die wichtigsten fünf Kompetenzen für die Bewältigung Ihres Berufes aus folgendem Kompetenzatlas (vgl. Abbildung 5: Kompetenzatlas, Erpenbeck & Sauter, 2013, S. 35):

Antwort: Initiative, Eigenverantwortung, Ganzheitliches Denken

Anhang 2: 2K

Thema: Potenziale entfalten und beruflich das Beste erreichen. Top-Performer statt „Mitschwimmer". Analyse der (Kern-) Kompetenzen von Leistungsträgern und Erstellung von Handlungsempfehlungen für die Personalentwicklung.

Kompetenz wird hierbei im Folgenden als die Fähigkeit verstanden, neue und alte Probleme kreativ und selbstorganisiert zu bewältigen.

Fragen

1. Bitte erläutern Sie kurz Ihre Berufsbezeichnung und in wenigen Worten Ihre berufliche Tätigkeit.

   Antwort: Architekt (Dipl. Ing.), Mitglied der Geschäftsführung und Projektleiter diverser Hochbauprojekte im Bereich Gesundheits-, Forschungs- und Bildungswesen.

2. Finden in Ihrem Unternehmen Fortbildungen/Weiterbildungen/Seminare für die Mitarbeiter statt und wenn ja werden diese intern oder extern realisiert?

   Antwort: Es ist uns ein großes Anliegen, dass unsere Mitarbeiter regelmäßig Fortbildungen besuchen. Meist werden die extern erlangten Kenntnisse intern in Fortbildungen weitergegeben. Auf Grund unseres Berufsstandes des Architekten und der damit verbundenen Kammerzugehörigkeit sind wir von Seiten der Kammersatzungen gehalten, regelmäßig an Fortbildungen teilzunehmen. Hierfür gibt es ein Punktesystem zum Nachweis.

3. Erfolgt eine Ergebnissicherung der Maßnahmen von 2.? Wie bewerten Sie diese?

   Antwort: Die erlangten Bescheinigungen werden in den jeweiligen Personalakten dokumentiert. Intern haben wir keine Maßnahmen, wenn Mitarbeiter keine Fortbildungen durchführen. Wir fördern diese durch finanzielle Beteiligungen (Übernahme der Fortbildungskosten, Übernahme der Anreisekosten und Übernahme der halben Zeit der Fortbildungen). Die restlichen Aufwendungen sind quasi die Investition in die persönliche Entwicklung.

4. Gibt es E-Learning Formate, Communities of practice (z.B.: Austausch zwischen älteren und jüngeren Mitarbeitern) oder andere betriebsinterne Onlineplattformen für den Wissensaustausch?

   Antwort: Es gibt Mitarbeiter, die sich verantwortlich zeigen, die für uns wichtigen Neuerungen im Bereich der DIN – Normen zu verwalten. Dafür haben wir ein betriebseigenes „Wiki". Darüber hinaus betreiben wir eine Qualitätssicherung in Anlehnung an die DIN. Wir sind allerdings nicht zertifiziert. Das war eine bewusste Entscheidung, weil wir uns als „Kreative" nicht allzu sehr in ein „Korsett" fügen wollten.

Die Entwicklung junger Mitarbeiter hängt wesentlich von der Weitergabe von Wissen der älteren ab. Allerdings muss man sagen, dass es eine „Sache des Charakters" ist, ob und wie ältere Mitarbeiter ihr Wissen weitergeben.

5. Es gibt viele Experten für die der wichtigste Lernort der Arbeitsplatz selbst ist und Kompetenzen nur im Arbeitsprozess selbst erlangt werden können. Wie sehen Sie das?

   Antwort: Das ist sicherlich auf jeden Fall ein Teilaspekt. Ich denke, die Entwicklung der persönlichen Kompetenz beruht auf vielen Einzelaspekten, insbesondere der Interaktion mit anderen Menschen (intern und natürlich mit den Kunden). Hier müssen durch Erfolgen und Misserfolge die notwendigen Erfahrungen gemacht werden.

6. Erpenbeck und Sauter definieren Kompetenz als Fähigkeit, kreativ und selbstorganisiert neue Probleme lösen zu können. Ein wichtiger Bestandteil scheint die emotionale Imprägnierung zu sein. Das bedeutet, dass eine emotionale Komponente (z.B.: Frustration, Versagensangst, Neugier, Motivation) beim Lernprozess vorhanden ist und man emotional gefordert ist. Deckt sich das mit Ihren Erfahrungen?

   Antwort: Auf jedem Fall! Allerdings merken wir zunehmend in unserem Beruf, dass ein Überhang an Frustration und Misserfolg zunehmend in die Depression führt. Das hängt mit dem enormen Erfolgsdruck zusammen, der von außen kommt (Kundenziele).

7. Zu welchen Zeitpunkten haben Sie am meisten in Ihrem Beruf gelernt? Gab es besonders große Herausforderungen oder besonders große Probleme zu lösen?

   Antwort: In meinen ersten 10 Jahren Berufserfahrung haben ich die meisten Fähigkeiten erlernt. In dieser Zeit waren die Herausforderungen „gefühlt" am größten. Mittlerweile sind die Herausforderungen immer noch immens groß, aber durch das „Mitwachsen" weniger anstrengend.

8. Wenn große Herausforderungen zum Erlangen von Kompetenzen notwendig sind, besteht dann nicht auch die Gefahr der Überforderung und daraus resultierender Resignation? Begründen Sie kurz.

   Antwort: Aus meiner Sicht ist es immens wichtig für jeden Einzelnen, dass er sich nicht überschätzt. Die persönliche Einschätzung in den Möglichkeiten führt dazu, mit den Herausforderungen klarzukommen. Zu groß gesteckte Ziele führen meiner Meinung nach in die Überforderung. Ein gesundes Wachsen schützt heutzutage vor dem Burnout. Entscheiden Sie sich aus Ihrer beruflichen Erfahrung heraus für die wichtigsten fünf Kompetenzen für die Bewältigung Ihres Berufes aus folgendem Kompetenzatlas:

Antwort: P/A, S/P, S, F, F/P

Anhang 3: 3O

Thema: Potenziale entfalten und beruflich das Beste erreichen. Top-Performer statt „Mitschwimmer". Analyse der (Kern-) Kompetenzen von Leistungsträgern und Erstellung von Handlungsempfehlungen für die Personalentwicklung.

Kompetenz wird hierbei im Folgenden als die Fähigkeit verstanden, neue und alte Probleme kreativ und selbstorganisiert zu bewältigen.

Fragen

1. Bitte erläutern Sie kurz Ihre Berufsbezeichnung und in wenigen Worten Ihre berufliche Tätigkeit.

   Antwort: Geschäftsführender Gesellschafter eines Handelsunternehmens im Bereich Automotive Aftermarket und Freizeit/ Nutzgas-Equipment mit internationaler Diversifizierung. Tätigkeitsschwerpunkte liegen im Business-Development, Controlling und der Optimierung von Arbeitsprozessen.

2. Finden in Ihrem Unternehmen Fortbildungen/Weiterbildungen/Seminare für die Mitarbeiter statt und wenn ja werden diese intern oder extern realisiert?

   Antwort: Es finden regelmäßig interne Produktschulungen für Vertriebs- und Logistik-Mitarbeiter statt (ca. 1-2 pro Monat). Führungskräfte bilden sich zusätzlich über externe Seminare (überwiegend Webinare) und zur Verfügung gestellte Fachliteratur fort.

3. Erfolgt eine Ergebnissicherung der Maßnahmen von 2.? Wie bewerten Sie diese?

   Antwort: a) Bei internen Schulungen gibt es einen Protokollführer, der die Inhalte zusammenfasst und den übrigen Teilnehmer anschließend zur Verfügung stellt. Bei der nächsten Schulung werden die Inhalte erneut aufgegriffen, abgefragt und ggf. wiederholt.

   b) Inhalte von externen Schulungen werden von den Seminarteilnehmern unter der Prämisse des Nutzens/ der Nutzbarkeit für den Betrieb der

Geschäftsführung vorgestellt. Bei Zustimmung der Geschäftsleitung erarbeitet der Teilnehmer dann einen Maßnahmenplan zur praktischen Umsetzung.

4. Gibt es E-Learning Formate, Communities of practice (z.B.: Austausch zwischen älteren und jüngeren Mitarbeitern) oder andere betriebsinterne Onlineplattformen für den Wissensaustausch?

   Antwort: Der Wissensaustausch zwischen erfahrenen und neuen Mitarbeitern erfolgt nach der Einarbeitungsphase in monatlichen Einzelgesprächen und internen Prozess- und Produktschulungen. Zusätzlich stehen neuen Mitarbeitern Workflow-Handbücher für alle Kernarbeitsprozesse mit Schritt-für-Schritt-Anleitung zur Verfügung, z.B. Retourenabwicklung, Erstellen einer Gutschrift, Zollanmeldung etc.

5. Es gibt viele Experten für die der wichtigste Lernort der Arbeitsplatz selbst ist und Kompetenzen nur im Arbeitsprozess selbst erlangt werden können. Wie sehen Sie das?

   Antwort: Der Lernort Arbeitsplatz ist essentiell zur Erlangung betriebsinterner Kompetenz (Arbeitsprozesse, Produkt-Know-How), um seinen Arbeitsalltag sicher bewältigen zu können (z.B. zuverlässiger Sachbearbeiter, guter Vertriebsmitarbeiter).

   Die Aneignung zusätzlicher Kompetenzen, über Fachliteratur oder Seminare, ist unerlässlich für Mitarbeiter mit dem Bestreben nach einer Führungsposition und höheren Verdienstaussichten.

6. Erpenbeck und Sauter definieren Kompetenz als Fähigkeit, kreativ und selbstorganisiert neue Probleme lösen zu können. Ein wichtiger Bestandteil scheint die emotionale Imprägnierung zu sein. Das bedeutet, dass eine emotionale Komponente (z.B.: Frustration, Versagensangst, Neugier, Motivation) beim Lernprozess vorhanden ist und man emotional gefordert ist. Deckt sich das mit Ihren Erfahrungen?

   Antwort: Ja. Dies trifft zu.

7. Zu welchen Zeitpunkten haben Sie am meisten in Ihrem Beruf gelernt? Gab es besonders große Herausforderungen oder besonders große Probleme zu lösen?

   Antwort: Aufgaben und Herausforderungen, die zunächst unüberwindbar schienen, haben retrospektiv betrachtet einen hohen Lerneffekt gehabt, da es nur zwei Optionen gab, Resignation oder sich die notwendigen Skills anzueignen, um die Herausforderung meistern zu können. Das Begehen von Fehlern ist ein weiterer prägnanter Aspekt, der aus meiner Sicht für nachhaltigen Lerneffekt gesorgt hat.

8. Wenn große Herausforderungen zum Erlangen von Kompetenzen notwendig sind, besteht dann nicht auch die Gefahr der Überforderung und daraus resultierender Resignation? Begründen Sie kurz.

    Antwort: Die Gefahr der Überforderung besteht sicherlich im Anfangsstadium bei Fokussierung auf das Problem selbst und der Ungewissheit, eine Lösung finden zu können. Richtet man den Fokus auf einen möglichen Lösungsansatz und unterteilt die Gesamtlösung in kleine Teiletappen, sinkt erfahrungsgemäß der innere Druck und erste Erfolgserlebnisse machen sich bemerkbar beim Lösen/Erarbeiten erster Milestones. Kleine Erfolgserlebnisse haben positive Wirkung, lassen die zunächst unüberwindbare Aufgabe kleiner erscheinen als zunächst angenommen und motivieren, eine Gesamtlösung für das Problem zu erarbeiten.

9. Entscheiden Sie sich aus Ihrer beruflichen Erfahrung heraus für die wichtigsten fünf Kompetenzen für die Bewältigung Ihres Berufes aus folgendem Kompetenzatlas:

    Antwort: Schöpferische Fähigkeit, Lernfähigkeit, Disziplin, Beharrlichkeit, Initiative, Belastbarkeit, Beurteilungsvermögen

Anhang 4: 4Y

Thema: Potenziale entfalten und beruflich das Beste erreichen. Top-Performer statt „Mitschwimmer". Analyse der (Kern-) Kompetenzen von Leistungsträgern und Erstellung von Handlungsempfehlungen für die Personalentwicklung.

Kompetenz wird hierbei im Folgenden als die Fähigkeit verstanden, neue und alte Probleme kreativ und selbstorganisiert zu bewältigen.

Fragen

1. Bitte erläutern Sie kurz Ihre Berufsbezeichnung und in wenigen Worten Ihre berufliche Tätigkeit.

    Antwort: Mitarbeiter im Kapitalmarkt einer europäischen Großbank. Fachgebiet: Fremdkapitalfinanzierungen.

2. Finden in Ihrem Unternehmen Fortbildungen/Weiterbildungen/Seminare für die Mitarbeiter statt und wenn ja werden diese intern oder extern realisiert?

   Antwort: Ja, sowohl intern, als auch extern.

3. Erfolgt eine Ergebnissicherung der Maßnahmen von 2.? Wie bewerten Sie diese?

   Antwort: Bisher nur bei einem Seminar. Dies erfolgte mit einer APP und war intuitiv.

4. Gibt es E-Learning Formate, Communities of practice (z.B.: Austausch zwischen älteren und jüngeren Mitarbeitern) oder andere betriebsinterne Onlineplattformen für den Wissensaustausch?

   Antwort: Viele E-Learnings (etwa 10 - 15 pro Jahr), Intranet und Communities.

5. Es gibt viele Experten für die der wichtigste Lernort der Arbeitsplatz selbst ist und Kompetenzen nur im Arbeitsprozess selbst erlangt werden können. Wie sehen Sie das?

   Antwort: Der wichtigste Lernort ist der Arbeitsplatz. Seminare bieten teilweise zusätzliche Anregungen.

6. Erpenbeck und Sauter definieren Kompetenz als Fähigkeit, kreativ und selbstorganisiert neue Probleme lösen zu können. Ein wichtiger Bestandteil scheint die emotionale Imprägnierung zu sein. Das bedeutet, dass eine emotionale Komponente (z.B.: Frustration, Versagensangst, Neugier, Motivation) beim Lernprozess vorhanden ist und man emotional gefordert ist. Deckt sich das mit Ihren Erfahrungen?

   Antwort: Lernen ist nur effektiv bei Neugier und Eigenmotivation.

7. Zu welchen Zeitpunkten haben Sie am meisten in Ihrem Beruf gelernt? Gab es besonders große Herausforderungen oder besonders große Probleme zu lösen?

   Antwort: Beständiger Lernprozess.

8. Wenn große Herausforderungen zum Erlangen von Kompetenzen notwendig sind, besteht dann nicht auch die Gefahr der Überforderung und daraus resultierender Resignation? Begründen Sie kurz.

   Antwort: Ja, vor allem, wenn der Mitarbeiter mit der täglichen Arbeit bereits ausgelastet ist.

9. Entscheiden Sie sich aus Ihrer beruflichen Erfahrung heraus für die wichtigsten fünf Kompetenzen für die Bewältigung Ihres Berufes aus folgendem Kompetenzatlas:

   Antwort: Beziehungsmanagement und Optimismus.

Anhang 5: 5B

Thema: Potenziale entfalten und beruflich das Beste erreichen. Top-Performer statt „Mitschwimmer". Analyse der (Kern-) Kompetenzen von Leistungsträgern und Erstellung von Handlungsempfehlungen für die Personalentwicklung.

Kompetenz wird hierbei im Folgenden als die Fähigkeit verstanden, neue und alte Probleme kreativ und selbstorganisiert zu bewältigen.

Fragen

1. Bitte erläutern Sie kurz Ihre Berufsbezeichnung und in wenigen Worten Ihre berufliche Tätigkeit.

   Antwort: Gebietsleiter einer großen deutschen Unterhaltungs-GmbH.

2. Finden in Ihrem Unternehmen Fortbildungen/Weiterbildungen/Seminare für die Mitarbeiter statt und wenn ja werden diese intern oder extern realisiert?

   Antwort: Extern. Wir haben seit über zwei Jahren einen Coach, der für die Gebietsleiter die Seminare und Workshops organisiert. Diese besuchen immer 5-8 Mitarbeiter. Geplant ist dieser Prozess auch für die Filialleiter.

3. Erfolgt eine Ergebnissicherung der Maßnahmen von 2.? Wie bewerten Sie diese?

   Antwort: Es gibt eine Abschlussveranstaltung, bei der die Ergebnisse aufbereitet und nochmal besprochen werden, und Einzelgespräche.

4. Gibt es E-Learning Formate, Communities of practice (z.B.: Austausch zwischen älteren und jüngeren Mitarbeitern) oder andere betriebsinterne Onlineplattformen für den Wissensaustausch?

   Antwort: Ja, wir sind gerade dabei, ein Wiki aufzubauen, in dem das gesamte Wissen des Konzerns stecken soll und auf das alle Mitarbeiter Zugriff haben. Zusätzlich findet ein reger Austausch innerhalb des Konzerns statt. Also machen wir viel über offene Kommunikation.

5. Es gibt viele Experten für die der wichtigste Lernort der Arbeitsplatz selbst ist und Kompetenzen nur im Arbeitsprozess selbst erlangt werden können. Wie sehen Sie das?

Antwort: Ich stimme zu, dass das Lernen im Prozess praktikabel ist und fördernd für die Kompetenzentwicklung. Allerdings muss auch beachtet werden, dass der Mitarbeiter in der Freiheit des Tuns versinkt und hilflos treibt. Mentoring ist wichtig! Irgendwann kommt jeder an den Punkt, an dem er eine schwierige Entscheidung treffen oder ein unangenehmes Gespräch führen muss. Da helfen dann kein Seminar, kein Workshop und keine Literatur. Nur Praxis! Die Lösung hier liegt in der richtigen Art und Weise der Fehlerkultur: Entweder du gewinnst oder du lernst.

6. Erpenbeck und Sauter definieren Kompetenz als Fähigkeit, kreativ und selbstorganisiert neue Probleme lösen zu können. Ein wichtiger Bestandteil scheint die emotionale Imprägnierung zu sein. Das bedeutet, dass eine emotionale Komponente (z.B.: Frustration, Versagensangst, Neugier, Motivation) beim Lernprozess vorhanden ist und man emotional gefordert ist. Deckt sich das mit Ihren Erfahrungen?

    Antwort: Ja, wenn es immer „Fallnetze" gibt, werden keine Fehler gemacht und dementsprechend auch nichts gelernt.

7. Zu welchen Zeitpunkten haben Sie am meisten in Ihrem Beruf gelernt? Gab es besonders große Herausforderungen oder besonders große Probleme zu lösen?

    Antwort: Ja, 2015 habe ich mich einem Mitarbeiter gegenüber nicht ganz korrekt verhalten. Das wurde mir von allen Seiten sehr negativ ausgelegt. Ich hatte davor immer ein sehr loses Mundwerk und habe gesagt, was ich gedacht habe. Das war keine gute Zeit und eine große Herausforderung. Schlussendlich habe ich die Situation lösen können und sehr viel über mich und meine Art der Kommunikation gelernt!

8. Wenn große Herausforderungen zum Erlangen von Kompetenzen notwendig sind, besteht dann nicht auch die Gefahr der Überforderung und daraus resultierender Resignation? Begründen Sie kurz.

    Antwort: Ja, die Gefahr besteht durchaus, mit dem richtigen Mentoring oder der richtigen Dosis der Forderung, kann man das Risiko minimieren. Aber erst in solchen Situationen lernt man, was man für ein Mensch ist.

9. Entscheiden Sie sich aus Ihrer beruflichen Erfahrung heraus für die wichtigsten fünf Kompetenzen für die Bewältigung Ihres Berufes aus folgendem Kompetenzatlas:

Antwort: Empathie (Verständnisfähigkeit), Tatkraft, Entscheidungsfähigkeit, Mitarbeiterförderung, Delegieren